U0739964

书山有路勤为径，优质资源伴你行
注册世纪波学院会员，享精品图书增值服务

SUPER STORE

超级门店

王昕——著

电子工业出版社

Publishing House of Electronics Industry

北京·BEIJING

图书在版编目（CIP）数据

超级门店 / 王昕著. -- 北京 ：电子工业出版社，

2025. 1. -- ISBN 978-7-121-49136-8

Ⅰ．F717

中国国家版本馆CIP数据核字第2024CQ0813号

责任编辑：吴亚芬
印　　刷：三河市良远印务有限公司
装　　订：三河市良远印务有限公司
出版发行：电子工业出版社
　　　　　北京市海淀区万寿路173信箱　　邮编100036
开　　本：720×1000　1/16　　印张：14.75　　字数：236千字
版　　次：2025年1月第1版
印　　次：2025年1月第1次印刷
定　　价：69.00元

凡所购买电子工业出版社图书有缺损问题，请向购买书店调换。若书店售缺，请
与本社发行部联系，联系及邮购电话：（010）88254888，88258888。

质量投诉请发邮件至zlts@phei.com.cn，盗版侵权举报请发邮件至dbqq@phei.com.cn。

本书咨询联系方式：（010）88254199，sjb@phei.com.cn。

推荐序

在当今这个充满挑战与机遇的商业时代，连锁经营企业要想在激烈的市场竞争中保持领先地位，就需要不断创新和升级。王昕老师的新书《超级门店》为连锁经营从业者提供了一个全新的视角和实践路径，它不仅是对门店运营的深刻反思，更是对未来商业模式的大胆构想。

百城万店，是连锁经营企业规模化发展的必由之路。结合中国连锁经营协会发布的《2022—2024购物中心开关店研究报告》，我们发现购物中心的整体开关店比为1.12，品牌对市场信心逐步恢复；业态结构也在发生变化，餐饮业态持续扩张，门店占比上升1.69%，门店数量明显增加，咖啡果汁茶饮店众多品牌开店热度不减，中式快餐攻城略地；休闲娱乐连锁品牌开关店比为1.67，有明显扩张。

以新茶饮为例，根据中国连锁经营协会新茶饮委员会联合美团新餐饮研究院发布的《2023新茶饮研究报告》，新茶饮小规模单店数量过去三年持续减少，多转为加盟品牌，中大规模连锁门店数量仍在稳态增长。

相对于单店模式，连锁品牌具有更强的抗风险能力。很多连锁经营企业需要通过招商来实现"跑马圈地"。在进行门店扩张前,要有明晰的战略规划,包括市场定位、客户定位和品牌差异化等。还要建立一套有效的门店复制体系,包括门店的标准化提炼、人才复制以及运营管理手册的建立,以确保不同门店之间的一致性和品牌的统一性。同时,人才的复制和培养也是支持门店扩张的重要因素,定期和持续的赋能、培训也是必不可少的。

《超级门店》中提出的四大核心特征——体验的中心、社交的平台、直播的基地、融招的道场,为连锁经营从业者指明了门店经营和升级的方向。这些特征不仅重新定义了门店的功能和角色,也为从业者如何构建与顾客之间的深层次联系提供了新的思路。在当前的市场环境下,门店不再是简单的商品交易场所,而是品牌与顾客互动、交流、体验的平台。

在面向企业招商方面,王昕老师拥有深厚的专业背景和实践经验,她创立的"融·招·养"三位一体招商系统理论在实践中已经得到了广泛的应用和认可。《超级门店》对连锁经营从业者的价值在于,它不仅深刻反思了门店运营的现状,更大胆构想了未来商业模式的可能。书中的理念和策略,将帮助我们从传统的等待顾客上门的静态店,转变为主动吸引顾客上门的动态店,甚至形成一个生态店的网络。这种转变不仅仅是门店形态的改变,更是经营理念和运营模式的革新。

推荐每一位连锁经营从业者阅读此书,一同探索门店的超级力量,推动连锁经营模式的不断发展壮大。

郭玉金

中国连锁经营协会副会长

2024年10月

自 序
超级门店，重构门店的人货场

  时间来到2024年，我已经在招商行业工作了20年。在这20年里，我服务过创业型、发展型、上市公司等不同规模的企业，见证了不少品牌方的兴衰。门店，作为品牌方的脸面，也是重要的零售终端，对品牌方来说至关重要，甚至可以说是性命攸关。然而，我发现很多品牌方对门店的认识存在偏差，经营方式也较为单一。

  从认识上来看，每个人都从自己的角度出发，形成了深刻的理解。但当从全局角度审视时，由于局限于个人视角，难免会有失偏颇，而这种偏颇容易导致对本质的模糊。例如，市场人员认为门店是品牌形象的体现；财务人员将门店视为公司的资产和投资；开发人员将门店作为吸引目标人群的流量入口；采购人员认为门店是供应链的终端；运营人员则将门店视为商品交付和运营的中心。这些观点各有侧重，但都未能全面把握门店的多维价值。

  从经营上来看，品牌方对门店的经营思路普遍陈旧，方法单一。虽然有些门店尝试了创新，但由于缺乏系统性，这些创新难以持续。再加上对门店本质认识的偏颇，很多门店难以坚守核心价值，反而陷入了对技术、方法、策略的盲目追求之中。

一、门店应该是什么

从门店的前世今生可以寻到初衷。

门店最开始的概念，叫"市"。《说文》将"市"解释为"集中交易的场所"。

其时间可追溯到公元前四千年，当时货币没有产生，商业正在萌芽，在需求的驱使下，人们用"以物易物"的方式开始贸易，为了方便，交易场地就选在了交通便利的地方。当时人们不知道什么叫门店，但形成了这样一个"市"。

到春秋战国时期，人们发现，到处游走对交易双方都不方便，固定下来更有利于贸易，于是开始在人流量大的位置，集中开设固定摊位。虽然他们并不懂商业，却已经在用"固定摊位"的方式，遵循顾客行为规律和培养顾客行为习惯。

到唐宋时期，古代门店进入大发展时期，门店的功能和形式得到极大的发展，堂、坊、庄、号鳞次栉比。此时，不仅在各自店铺上追求格局完美，还在业态上集群发展，东西市协同发展，各美其美，美美与共，共同营造贸易氛围。可以说，当时的门店，几乎与现代门店无异了。

到宋元明清时期，在丝绸之路、大运河的基建促进下，古代门店进入繁荣期。由《清明上河图》可见一斑，它是中国的十大名画之一，描绘的就是北宋时期都城汴京的繁荣景象。从《清明上河图》可以看出，当时的门店，以高大的城楼为中心，两边的屋宇鳞次栉比，有茶坊、酒肆、脚店、肉铺、庙宇、公廨，还有医药门诊、大车修理、看相算命、修面整容。一句话概括，各行各业，百业绽放，蔚为繁华。

到近现代，门店已经成为贸易的核心所在，此时的门店已经从实际功能上升为金融资产，成为一种财富可以代代传承，人们已经有"一铺养三代"的观念，尤其是繁华地段的优质店铺，寸土寸金。

剥开表象看本质，无论如何变迁，由起源可以看出，门店的第一概念是"市"，即顾客购买商品或服务的重要场所，商家与顾客直接接触的地方。

这从古代门店的各种称谓"店、铺、栈、肆"可以得到更本质的认识。

在古代，"店"本作"坫"，泛指屋中放东西的土台，是商家为摆放货物方便交易在门口垒个土台；"铺"是把东西展开或摊平，宋代时由于店铺一般都铺展陈列货物，于是"铺"开始引申表店铺义；"栈"的意思是木台子，商家买卖存货摆货都要用到货架；"肆"是一种陈列方式，即吊起来陈列。

因此，门店先是"市"，所谓门庭若市，随行就市，市贾不二。门店经营首要务本，本立而道生。然后，方可以从发展、市场经济角度加以发展性认识。

从发展的角度，门店是技术发展的产物，需要根据当下技术，如互联网、人脸识别、大数据、物联网等进行发展。门店还是门店，但已经不是原来的门店。

从市场经济的角度，门店是竞争的结果，需要根据市场竞争环境、竞争对手做出变革。例如，区别于竞争对手的差异化价值、差异化竞争。

二、门店应该如何经营

经营门店就是经营好门店的"人货场"。这是零售业永恒的三大要素。

- 人：来自店员、顾客的因素，如店员的素质、技能和目标顾客的精准度等。
- 货：来自商品和商品陈列与交付的因素，如商品的数量、款式和质量等。

- 场：来自卖场/门店/销售渠道的因素，如位置、数量和设计等。

本书中我提出"超级门店"的概念，"超级门店"重构门店的"人货场"。

纵观零售发展，"人货场"进行了三次转移。

第一次是新中国成立时。彼时凭粮票和布票购买，商品稀缺，经营侧重于"货场人"，货是第一，谁能拿到货，谁就能赚个盆满钵满。

第二次是改革开放后。市场放开了，消费潜力释放，经营侧重"场货人"，地理位置成为第一。只要占据好位置，就能财源滚滚。典型企业：国美、苏宁。

第三次是当下。随着大数据时代，物流网、人脸识别等技术更迭，商品泛滥，经营侧重"人货场"，对人的把握成为第一。业内段子——大数据时代，商家会比妈妈更懂你。到这时，零售比拼的是谁能更懂顾客。典型案例：淘宝、抖音。

传统企业为什么在互联网时代步履蹒跚？其实就是对"人货场"的理解和经营落伍了。"超级门店"经营系统助推传统门店转型升级，打破传统门店窠臼，重构门店的"人货场"。

- 人：对于顾客，以顾客为中心，用"超级门店"系统更新体验，击穿社交，直播赋能，融招链接，深度经营会员及会员的生活方式。对于店员，严格把关选聘店员，全方位培育店员，激发人的潜能。让门店的"人"能爆发。

- 货：商品只是链接顾客的工具，真正的商品是为顾客主张的生活理念，为顾客带去的生活方式。超级门店极善于经营圈子、组织活动，卖的不是商品，而是社交及社交活动，让门店的"货"能爆发。

- 场：运用互联网、直播、融招，拓展门店时空边界，场景上将门店从店内拓展到互联网触达的任一角落，时间上打造24小时日不落门店，让门店跳出建筑的使用面积，让"场"能爆发。

当下正是消费升级的时代，门店升级消费才能升级，消费升级百业才能跟着升级。有需求就有贸易，有贸易就需要门店。门店来源悠久，也将走向深远，有更多的想象，也有更大的责任。助推门店充分发挥想象、肩负更大责任、进而改善人民生活，帮助品牌方打造新时代的超级门店、引领零售业转型升级，这就是我写作本书的目的。

辅导企业是我的强项，写书不是，书中多为个人经验总结，个人观点难免有失偏颇，希望大家不吝指正。

如果我的个人经验、思考，在助力品牌方决胜新时代、传统门店走向新时代之余，还能给门店及相关从业者带去其他思考、理解和收获，那将是本书的分外之喜。

王昕

2024年8月

目 录

体验的中心

社交的平台

直播的基地

步履维艰的传统门店

自2008年互联网逐渐飞入寻常百姓家，传统门店不好干的论调就开始甚嚣尘上，最典型的是"电商杀死实体门店"。到2020年疫情暴发，实体门店处境雪上加霜，从高房租到低房租再到没房租只交物业管理费，步步退让。

除了家乐福、沃尔玛、永辉超市屡屡传来关店新闻，还有新世界百货、世纪华联等，也不只是超市，餐饮、影业、家居、美妆、旅游等业态，闭店新闻也屡见不鲜。

原因何在？单纯是经营不善吗？一家可以说是经营不善，一家家就必定有本质问题，系统问题了。其实，我们应该问的问题是：传统门店究竟怎么了？

一、传统门店的"七宗罪"

传统门店的问题老生常谈，但一直没有得到妥善解决。归因总结，传统门店有七个老大难问题，也可以称之为传统门店的"七宗罪"。

1. 经营时间受限

传统门店的有效经营时间大多是8~14小时。除去个别例外，一般而言，餐厅营业时间是9:30—14:00，16:00—21:30，总共营业时长10小时；汽车美容店营业时间是10:00—20:00，总共营业时长10小时；商场营业时间是10:00—22:00，除电影院个别例外，里面商户总共营业时长12小时；美容院营业时间是10:00—20:00，总共营业时长10小时；KTV营业时间是12:00—02:00，总共营业时长14小时。问题来了，明明付了24小时的房租，为什么只经营8~14小时？

显然，经营时间受限并非店家本意，而是由"人"决定的。一方面是顾客，由于作息原因，不可能一直在街上闲逛。既然顾客不在街上，门店自然不用一直开；另一方面是店员，由于工作时间有规定，不可能一直在岗上。员工是人，是人就需要睡觉与休息。

很多门店很聪明、很勤奋，实行双班倒，甚至三班倒，但也只是解决了店员的问题，并没有解决顾客的问题。顾客不出来，别说每天开24小时，开25小时也没用。

2. 经营空间受限

但凡门店就涉及铺货，涉及使用场景，这些都体现在面积上。没有面积，铺货上不去；没有面积，顾客体验欠缺。毫不客气地说，面积是传统门店的脸面，是实力、竞争力，更是潜力。但面积是有限的，门店不可能超出整栋建筑。建造之时，就已经决定了每个门店的面积。换句话说，按照传统门店经营逻辑，依托于空间的传统门店，出生就先天不良。

不仅如此，在具体使用时又被再度受限，空间不可能用尽。一般而言，商场铺的面积使用率约五成，临街铺约九成。因为租金是按建筑面积收取的，但门店使用面积只能是铺位净空面积，在国外叫"套内面积"。

买房子也是如此，不管是房产测绘报告，还是产权证上，都不会有"使用面积"，业主还要承担公摊面积。再加上各种不合理的设计，各种无效的铺货，员工休息区等，门店实际空间使用率就更低了。

3. 缺客流

客流短缺的现象无须赘述。除了2023年劳动节期间的淄博等极少数特殊情况，如一些网红店、旗舰店和景区外，很少有门店能够自信地说自己客流充足，甚至人满为患。事实上，一些门店整日顾客寥寥，店员的数量有时甚至超过了顾客，形成了一种店员在服务顾客的错觉。尽管如此，目前很多门店已不再单纯依赖自然流量，而是积极利用社交媒体和各种宣传手段主动吸引顾客，但仍然难以摆脱获客难的困境。

美团、饿了么等平台，看似为门店带来了新的客流，但实际上只是将原本属于门店的流量重新分配给商家。加之平台的付费推广、佣金和服务费等成本，已经从简单的分享利润转变为门店难以承受的负担。放弃使用这些平台，似乎失去了一部分客流；继续使用，又感到负担沉重。最终，门店陷入了两难的境地，既难以割舍，又难以承受。

4. 缺复购

很多传统门店依然在做一锤子买卖。这并不是说他们在宰客，而是说他们缺乏精准经营顾客的能力。他们很认真地服务了，也提供了高品质或高性价比的商品，但对顾客的终身价值开发不足，缺少系统的想法和方法。

很多门店已经在转变，不少有想法的老板、店长，已经在用微信公众号、微信社群、企业微信、会员深度服务顾客，绑定顾客，也小有成效。

但这远远不够。开发一个新顾客的成本是留住一个老顾客的成本的5倍。相较于拉新，复购更是一个需要专攻特攻的系统工程。而且，其中还有不少门店徒有形式，在假装转型，陷在有客流无复购、有会员无互动的尴尬境地。

5. 没活力

没活力体现在两个方面：一方面是员工状态，懒懒散散，当一天和尚撞一天钟，完全处于坐班状态，精气神不在门店里；另一方面是顾客状态，冷冷清清，少有人来，看完没感觉，有感觉不激动，激动不分享。大家都没焕发出活力，整体呈现出老态、疲态、冷态，让人路过不想进，进了不想久留。

活力同样遵循着强者越强、弱者越弱的马太效应和吸引力法则。门店越是充满活力，就越能回馈给员工更多的活力；相反，门店若是缺乏活力，就会从员工那里剥夺更多的活力。

员工和顾客本质上都是"见人下菜碟"的类型。员工是否努力工作，顾客是否会踏入门店，一旦他们感受到门店的"氛围"，就已经决定了。例如，在一个充满活力的门店里，员工都在积极工作，整个门店都显得生机勃勃，新员工自然而然地也会被这种激情所感染，想要努力工作；但如果整个环境都显得死气沉沉，新员工也会感到无精打采，只是机械地完成日常工作。在一种大家都在偷懒的氛围和文化中，不偷懒反而成了一种罪过。同样，在生意兴隆的门店里，不消费也会让人感到不自在。

6. 价格战

因为获客难、行业内卷，价格战成了业绩增长疗程短、见效快的手段。但价格战这玩意儿，初次使用，信心满满；长此以往，顾客就没有感觉了，还让整个门店陷入了积重难返、品牌形象受损、正价难卖的境地。

企业家一定要明白，用错的价格战不是灵丹妙药，而是毒药。价格战怎么用？一定要服务于目的，如打压竞争对手、占领更多市场份额、消化库存。它是一种特殊时期的特殊手段，要么不用，要用就要克敌制胜，而不是有事无事靠它涨涨人气，不是用来掩盖经营无能的障眼法和续命丹。

7. 静态店

传统门店大多数是静态的。所谓静态，指的是静止和等待的状态。门店和店员往往只能被动地等待顾客上门。每天一早醒来，营业额很大程度上取决于运气，经营活动被局限在一个门店和有限的几种方法之内。门店并没有真正地"动"起来、"活"起来，呈现出一种类似于"姜太公钓鱼，愿者上钩"的被动局面。当业绩不佳时，门店往往将原因归咎于商品、地段、商场营销，甚至顾客，而忽视了自己是否已经尽了最大努力。

静态店是没有生命力的门店，是"死"的门店。"死"的门店，哪里来的生机？没有生机，哪里来的生气？没有生气，哪里来的生意？

二、传统门店出路在何方

问题这么多，怎么解决呢？

在互联网出现之前，大家都痛，无所谓解决不解决，谁经营能力强，谁社交能力强，谁的生意就好。

但当下，非系统改革、彻底改革、升级传统门店形态、增加传统门店功能、变革传统门店属性不可。

一直以来，针对传统门店出路的探索，从来没有停止过。例如，互联网+、数字化、单纯聚焦激发员工活力的制度建设等。

比尔·盖茨说："人们常常将未来两年可能出现的改变看得过高，但同时又把未来十年可能出现的改变看得过低。"

用这句话来形容这些探索，再合适不过了。作为时代风口上的新技术、新渠道，它们固然是有效的，但也是被高估的。

传统门店的系统化出路，是超级门店。

超级门店是区别于传统门店的新门店，是区别于所谓"新新"门店的系统性重塑的门店。它是颠覆性的门店形态升级，是针对性的零售要素组合，是建设性的以顾客为中心。它们又被称为超级门店的三大要义。

1. 颠覆性的门店形态升级

超级门店通过将门店打造成体验的中心、社交的平台、直播的基地、融招的道场（见第三讲），让门店从"守株待兔，死靠位置，靠死位置"的静态店，升级为"主动获取流量，自动生长流量，病毒式裂变流量"的动态店，而后再次升级为"经营顾客生活方式，丰腴会员生命厚度"的生态店。

2. 针对性的零售要素组合

传统门店按部就班装修、一板一眼经营，和其他门店千篇一律，多是缺乏有针对性的零售要素组合。超级门店恰恰相反，它根据商品特性、使用场景、门店环境，再结合超级门店的四大特征（见第三讲），以及有针对性的零售要素组合，重构门店的人货场。

3. 建设性的以顾客为中心

以顾客需求为中心，不是无限迎合，而是超期望地满足和有建设性地引领。有些门店，只要面积大，一律做成情景式、体验式展厅。结果顾客参与度极低，白白浪费了钱。顾客看到的，不是门店真正该提供的，说俗一点，你给他的，不是他想要的。

建设性地以顾客为中心，有很多可以学习的对象。例如，社区中心增加儿童乐园，建材城提供免费彩色打印，灯具店为周边小区业主提供上门电路检查，顾客乐用、爱用、实用。超级门店通过聚焦会员，深度经营顾客生活方式，建设性地提升顾客生活品质。

第二讲

引爆门店的核心

门店生意越来越难做，没有顾客上门怎么办？

互联网时代，传统的经营思维已经不再适用。做实体生意，如果还抱着等顾客上门的心态，那注定赚不到认知以外的钱。

顾客不是等来的，也不是找来的。经营实体企业的老板需要变被动为主动，经营者需要考虑的是如何吸引顾客主动进店。

提高实体门店的流量，让大众看见、知晓，让流量变"留量"，让顾客来得了、买得好，就是提升业绩的最佳方法。

一、实体门店的价值

或许有人会问，实体门店已经步入举步维艰的境地，还有必要做实体门店吗？这是没有认清实体门店作用的错误认知。

实体门店并不单纯具备销售的功能，同时还具备引流的核心功能。实体门店作为企业至关重要的客流量入口与消费入口，在盈利之余，可以帮助企业绑定更多的顾客，深深扎根于市场。

因此，实体门店的本质就是顾客在哪，门店就在哪。

如今的实体门店，早已不是摆放商品的"仓库"了，还应该具备以下新价值。

1. 连接器

实体门店是重要的客流量入口，因此实体门店的一个重要价值就是链接顾客。

如果经营者仍然是保持有人来就接待、没人来就在店里干坐着的状态，那实体门店几乎没有活路。

不要觉得在电商快速发展的"碾压"下，实体门店已经没有任何应对措施了。无论电商发展如何强劲，它永远不能与实体门店相比较的就是带给顾客的体验感。

例如，宜家家居非常重视带给顾客关于"家"的体验感。

将商品的陈列按照家居设计的形式摆放，并鼓励顾客亲身体验，在带给顾客别具一格的感受之外，也可以深度接触到潜在顾客。

2. 前置仓

前置仓指的是区别于传统仓库远离最终消费人群的模式，在社区附近建立仓库的模式。

现如今，顾客对于"到家"服务具有更高的要求，因此门店与前置仓可以相互激活。

门店发挥前置仓的作用，清库存、降损耗，还可以引流，并产生复购，这是一种相得益彰的经营模式。

3. 社交点

门店要积极响应Z时代的特性，主动发挥社交中心的作用。满足顾客的社交需求，刺激他们的分享欲望，结合别出心裁的消费场景，引发更多顾客对门店的关注。实体门店可以安排专门的人员与空间打造社交基地，推动社交营销，建立起引流、高黏性、高顾客价值的经营体系。

例如，"打卡"这个词的兴起，就是因为满足了顾客的社交需求。不论是装修别致的门店，还是隐秘于市井间的小店，都可以刺激顾客的消费欲望与分享欲望。

找到门店与顾客相结合的点，并深挖这个点，刺激顾客的社交需求，从而达到激活门店的目的。

二、门店的经营模式

对于实体门店的老板而言，提高实体门店业绩是主要任务。在这个市场严重同质化的时代，实体门店要设立自己的经营模式，才能在竞争日益激烈的市场中脱颖而出。

为了让门店生意更好，在条件允许的情况下，门店应该设立两套模式来经营门店，分别由负责店内消费的店长和负责店外消费的会长组成，店长和会长是这两套模式的主要负责人。

1. 明确两套模式的职责与协同

店长模式：店长作为店内消费的主要负责人，应专注于提升顾客的购物体验、优化商品陈列、提升销售技巧以及处理顾客在店内的各种需求。店长需要确保店内环境整洁、商品质量可靠、服务周到，以吸引顾客进店并促成交易。

会长模式：会长则负责店外的会员转化和顾客关系管理。通过会员制度、优惠活动、社交媒体营销等手段，吸引潜在顾客成为会员，并通过持续的服务和互动加深会员与门店之间的联系。会长需要具备较强的沟通能力和创新思维，能够设计出吸引顾客的优惠政策和会员活动。

2. 强化两套模式的互补与联动

信息共享：店长和会长之间应建立有效的信息共享机制，及时沟通店内销售情况和会员反馈，以便双方能够根据实际情况调整经营策略。

活动联动：店长和会长可以联合策划一些跨渠道的营销活动，如"店内消费+会员积分兑换""会员专享优惠日"等，通过线上线下相结合的方式提升活动效果。

顾客体验升级：无论是店内消费还是店外会员服务，都应注重提升顾客的购物体验。店长和会长可以共同研究顾客需求，优化购物流程和服务细节，让顾客感受到门店的关怀和用心。

3. 持续优化与创新

数据分析：利用数据分析工具对店内销售和会员转化数据进行深入分

析，了解顾客的消费习惯和需求变化，为经营决策提供科学依据。

商品创新：根据市场需求和顾客反馈，不断推出新商品或改进现有商品，以满足顾客的多样化需求。

服务创新：在服务上不断探索新的方式和方法，如提供个性化定制服务、增加售后服务项目等，以提升顾客满意度和忠诚度。

4. 建立激励机制

绩效考核：为店长和会长设定明确的绩效考核指标，如销售额增长率、会员增长率、顾客满意度等，并根据考核结果给予相应的奖励或惩罚。

培训与发展：为店长和会长提供定期的培训和发展机会，帮助他们提升专业技能和管理能力，为门店的长远发展储备人才。

这两套模式同时发力，店长负责顾客在店内的消费成交，会长负责店外的会员转化，适当向会员输出其他的优惠政策，从而加深顾客与门店之间的联系，与顾客建立强关系，门店生意才能做得长久。

三、引爆门店的要素

引爆门店可以有效地吸引和转化顾客，同时提升顾客的黏性和满意度。要引爆门店生意，关键在于采取一系列策略来吸引顾客的注意，并将其转化为忠实顾客。

1. 引爆门店业绩

提升门店的业绩和竞争力，不仅能增加顾客的数量和购买频率，还能培养忠诚的回头客，带来更多的口碑传播和引流效应。

门店要想业绩好，无非要解决两个问题。

（1）如何吸引新顾客进店消费

①精准定位与市场调研。明确目标顾客群体，了解他们的需求和偏

好，以便制定有针对性的营销策略。此外，通过定向式策略，可以更有效地触达潜在的顾客。通过市场调研了解竞争对手的优劣势，找到自己的差异化优势。

②吸引人的店面形象。打造有吸引力的店面设计，包括外观、内部布局、灯光、色彩等，让顾客在远处就能被吸引。保持店面的整洁和卫生，给顾客留下良好的第一印象。

③有效的营销手段。利用线上线下相结合的方式进行宣传，如社交媒体广告、本地生活服务平台推广、传单派发等。举办开业促销、节日活动、限时折扣等营销活动，吸引顾客进店。包括利用各种营销手段来吸引眼球，如免费式、福利式、买赠式等，核心在于提供实实在在的优惠和价值，从而吸引顾客进店体验。与周边商家合作，进行联合营销，共同吸引顾客。

④优质的商品和服务。提供高质量的商品和服务，确保顾客在店内获得满意的消费体验。根据顾客反馈不断优化商品和服务，提升顾客满意度。

（2）如何让老顾客持续复购

①建立会员制度。推出会员制度，为会员提供专属优惠、积分兑换、生日礼品等福利，增强会员的归属感和忠诚度。定期向会员发送优惠信息和新品推荐，保持与会员的紧密联系。

②提供优质服务。在售前、售中、售后各个环节提供优质的服务，确保顾客在消费过程中感到满意和舒适。主动关心顾客的需求和反馈，及时解决问题，提升顾客满意度。通过线上线下的结合，不仅可以扩大顾客基础，还能提高顾客的参与度和黏性。

③举办会员活动。利用社交媒体和互联网技术进行社群营销，将门店的会员流量整合到线上平台，打造线上流量池。定期举办会员专属活动，

如会员日、会员沙龙等，增强会员之间的互动和交流。通过活动了解会员的需求和偏好，为后续的商品和服务改进提供依据。

④维护好口碑。通过不断优化门店管理和教练技术，提升店长的能力和团队的协同效率，确保门店持续发展，让顾客满意度不断提升。鼓励满意的顾客在社交媒体上分享他们的购物体验，形成良好的口碑传播效应。及时处理顾客的投诉和不满，避免负面口碑对门店的影响。

⑤持续优化商品和服务。在顾客进店后，提供优质的商品和服务是至关重要的。根据老顾客的反馈和市场需求，不断优化商品和服务，确保商品的质量和创新性，以及提供良好的顾客服务体验，确保门店始终保持竞争力。推出新品或改进现有商品，满足顾客的需求变化，激发老顾客的购买欲望，增加顾客的满意度和忠诚度。

通过这些综合策略，经营者可以有效引爆门店生意，实现业务的快速增长和成功。

门店有爆品、有流量，顾客的满意度和黏性高，顾客经常复购，门店的业绩才能呈现裂变式增长。

如果门店有独一无二的爆品，自然就能带来流量，从而吸引新顾客进店消费；如果门店的商品性价比高、服务好，顾客的消费体验很好，顾客自然会回购并且为门店带来转介绍。

2. 引爆门店的三大策略

在当今竞争激烈的商业环境中，门店作为直接面向顾客的窗口，其成功与否往往决定了品牌的市场地位和盈利能力。为了在众多竞争者中脱颖而出，门店需要采取一系列创新且有效的策略。

引爆门店主要围绕门店的形态、模式和复制展开工作，我将其总结为引爆门店的三大核心：形态、模式、复制。本章将详细阐述其重要性、实施策略及实际应用案例，力求为门店经营者提供全面而深入的指导。

（1）形态——对门店品类进行梳理

门店的形态，即其品类布局与展示方式，是吸引顾客的第一步。一个清晰、有序且富有吸引力的门店形态，能够迅速抓住顾客的眼球，激发顾客的购买欲望。通过合理的品类梳理，门店可以优化空间利用，提升顾客购物体验，进而促进销售增长。

具体实施策略

①明确目标顾客群体。首先，门店需要明确自己的目标顾客群体是谁。不同的目标顾客群体有不同的需求和偏好，因此门店在品类梳理时应充分考虑这一点。例如，针对年轻顾客的门店，可以更多地引入时尚、潮流的商品；而针对家庭主妇的门店，则应注重实用性和性价比。

②进行市场调研。通过市场调研，了解当前市场的流行趋势、竞争对手的品类布局以及目标顾客群体的需求变化。这些信息将为门店的品类梳理提供重要参考。

③科学规划品类结构。根据市场调研结果和目标顾客群体的需求，科学规划门店的品类结构。一般来说，门店应包含主打品类、辅助品类和季节性品类等。主打品类是门店的核心竞争力所在，应占据显眼位置并给予充足展示；辅助品类则用于补充主打品类的不足，满足顾客的多样化需求；季节性品类则根据市场变化灵活调整。

④优化陈列布局。陈列布局是影响顾客购物体验的关键因素之一。门店应根据品类结构和顾客购物习惯，合理规划陈列布局。例如，将畅销商品放在显眼位置，方便顾客快速找到；将相关联的商品放在一起，引导顾客进行关联购买；利用灯光、色彩等视觉元素提升陈列效果等。

📋 实际应用案例

📍 案例一：无印良品

无印良品以其简约、自然的风格著称，其门店形态也充分体现了这一品牌理念。无印良品的门店通常采用开放式布局，商品按照品类和颜色有序排列，给人一种清新、舒适的感觉。同时，无印良品还注重细节处理，如使用木质货架、柔和的灯光等，营造出一种温馨、亲切的购物氛围。

📍 案例二：星巴克

星巴克作为全球知名的咖啡连锁品牌，其门店形态同样具有独特的魅力。星巴克的门店通常设计得既时尚又舒适，以咖啡为主题进行装饰，营造出一种浓郁的咖啡文化氛围。在品类梳理方面，星巴克除了提供丰富的咖啡饮品，还引入了各种糕点、小吃等辅助品类，满足顾客的多样化需求。同时，星巴克还注重空间利用和顾客体验设计，如设置舒适的沙发区、提供免费Wi-Fi等，让顾客在享受咖啡的同时也能感受到家的温暖。

（2）模式——设计门店的会员方案

会员制度是现代零售业中不可或缺的一部分。通过设计合理的会员方案，门店可以建立与顾客之间的长期关系，提高顾客忠诚度和复购率。同时，会员制度还可以帮助门店收集顾客数据，为精准营销提供有力支持。

🏬 具体实施策略

①明确会员价值定位。在设计会员方案之前，门店需要明确会员的价值定位。即，会员制度将如何为会员创造价值？这些价值可以是价格优惠、专属服务、积分兑换等。明确的价值定位有助于吸引更多顾客成为会员并积极参与会员活动。

②设计多样化的会员等级。为了满足不同顾客的需求和偏好，门店可

以设计多样化的会员等级。不同等级的会员可以享受不同的权益和优惠。例如，普通会员可以享受基本的折扣优惠；高级会员则可以享受更多的专属服务和特权。这样的设计可以激发顾客的升级欲望并提高他们的忠诚度。

③建立积分系统。积分系统是会员制度中的重要组成部分。通过消费累积积分并兑换礼品或优惠券等方式，门店可以激励顾客更多地消费并提高他们的忠诚度。同时，积分系统还可以帮助门店收集顾客数据并进行精准营销。

④提供个性化服务。个性化服务是提升会员满意度和忠诚度的关键。门店可以通过分析顾客数据了解他们的需求和偏好，并据此提供个性化的服务。例如，根据顾客的购买历史推荐相关商品；在会员生日时发送祝福短信并提供专属优惠等。

⑤定期举办会员活动。定期举办会员活动可以增强会员的归属感和参与感。门店可以组织各种形式的会员活动，如新品试用、专题讲座、会员聚会等。这些活动不仅可以让会员更深入地了解品牌和商品，还可以促进会员之间的交流和互动。

实际应用案例

案例一：Costco超市

Costco超市以其低价、优质的商品和完善的会员制度而闻名。Costco的会员制度非常简单明了：顾客只需支付一定的会员费即可成为会员并享受全年的折扣优惠。此外，Costco还提供了积分系统和个性化服务等多项增值服务，让会员在购物过程中感受到更多的便利和实惠。

案例二：亚马逊Prime会员

亚马逊Prime会员是亚马逊推出的一项会员服务。会员可以享受免费的两日送达、无限量流媒体音乐和视频服务以及独家折扣等多项权益。这些权益不仅提高了会员的购物体验，还增强了他们对亚马逊品牌的忠诚度和依赖度。同时，亚马逊还通过数据分析为Prime会员提供个性化的推荐和服务，进一步提升了他们的购物体验和满意度。

（3）复制——促进门店的裂变运营

复制是门店裂变运营的重要手段之一。通过复制成功的门店模式和经验，可以快速扩大品牌影响力并提升市场份额。同时，复制还可以降低新店开业的风险和成本，因为新店可以直接借鉴老店的成功经验和教训，避免走弯路。

具体实施策略

①标准化运营流程。为了实现门店的快速复制和裂变运营，门店需要建立标准化的运营流程。这些流程包括商品采购、库存管理、陈列布局、顾客服务等多个方面。通过标准化运营流程，可以确保每家门店都能够按照统一的标准进行运营，从而提高整体运营效率和服务质量。

②培训优秀的店长和管理人员。优秀的店长和管理人员是门店成功复制的关键。他们不仅需要具备丰富的门店运营经验，还需要具备强大的领导力和团队协作能力。因此，门店需要注重培养和选拔优秀的店长和管理人员，并为他们提供系统的培训和支持。

③建立有效的监督机制。为了确保每家门店都能够按照标准化的运营流程进行运营，门店需要建立有效的监督机制。这些机制可以包括定期巡查、顾客反馈收集、数据分析等多种方式。通过这些机制，可以及时发现并纠正门店运营中的问题，确保门店能够持续稳定地发展。

④利用科技手段提升复制效率。随着科技的发展，越来越多的科技手段被应用于门店运营中。例如，利用大数据分析顾客行为，预测市场需求；利用AI技术优化库存管理，提高运营效率等。这些科技手段不仅可

以提升门店的运营效率，还可以为门店的快速复制和裂变运营提供有力支持。

⑤探索多元化的复制模式。除了传统的直营模式，门店还可以探索其他多元化的复制模式。例如，加盟模式、合作模式等。这些模式可以根据不同的市场需求和资源配置情况进行灵活选择，从而实现门店的快速扩张和裂变运营。

实际应用案例

案例一：麦当劳

麦当劳是全球著名的快餐连锁品牌之一。其成功的秘诀之一就在于其强大的复制能力。麦当劳通过标准化的运营流程和培训体系，确保了每家门店都能够提供一致的商品和服务质量。同时，麦当劳还积极探索多元化的复制模式，如加盟模式等，实现了在全球范围内的快速扩张和裂变运营。

案例二：瑞幸咖啡

瑞幸咖啡是中国新兴的咖啡连锁品牌之一。其成功的秘诀之一也在于其强大的复制能力。瑞幸咖啡通过科技手段实现了门店的快速复制和裂变运营。例如，瑞幸咖啡利用大数据分析顾客行为，预测市场需求；利用智能咖啡机提高制作效率等。同时，瑞幸咖啡还注重培养优秀的店长和管理人员，为他们提供系统的培训和支持，从而确保每家门店都能够按照标准化的运营流程进行运营。这些措施共同推动了瑞幸咖啡的快速扩张和裂变运营。

引爆门店的三大策略——形态、模式、复制，是门店成功运营的关键所在。通过合理的品类梳理和陈列布局，可以吸引更多顾客进店消费；通过设计合理的会员方案，可以提高顾客忠诚度和复购率；通过有效的复制策略，可以实现门店的快速扩张和裂变运营。

在未来的商业竞争中，门店需要不断探索和创新，以应对市场的变化和挑战，从而保持领先地位并实现可持续发展。

四、未来门店的形态

到底应该怎么开门店？现在大部分的门店都属于静态店，把商品放在货架上，位置相对固定，然后设立一个店员在收银台收费。

随着市场竞争越来越激烈，互联网对生活的影响日益加深，现在的经营方式在未来还行得通吗？

等待顾客主动上门是传统经营模式，已经不能适应现在时代的发展了。过去门店只面对C端顾客，采用靠卖商品赚差价的静态盈利模式。经营者要把门店从原来的静态店升级为动态店，经营会员的生活方式，布局线上+线下相结合的渠道生态链，这是未来打造生态门店的核心。

如今的超级门店必须具备四大功能——体验的中心、社交的平台、直播的基地、融招的道场，最终才能形成生态店！

1. 体验的中心

让顾客在门店里真正体验到商品本身的价值，从供应链、原材料、工艺，到商品的性价比都能体验到。另外，顾客还要体验到门店提供的优质服务。在电商平台购物，常常会遇到货不对版的情况。无论图片上、视频里的模特穿得多好看，也比不上顾客通过亲身体验带来的感受，而这正是体现门店价值的方式之一。

2. 社交的平台

通过组织各种各样的主题沙龙活动，把会员汇聚在店里进行交流、学习，维护会员与门店之间的关系，为会员提供更优质的服务，增强与会员的黏性，刺激会员形成消费习惯。

3. 直播的基地

极具个性化的门店是绝佳的直播场地。直播的环形美颜灯、三脚架、直播导购员等应该成为实体门店的标配。当店里顾客较多时，店员就去招待顾客；当顾客较少时，店员可以进行直播，利用线上平台促进门店销量。

4. 融招的道场

把门店打造为融资和招商场地，举办面向B端顾客的沙龙招商会。把有投资意向的顾客筛选出来，邀请到门店，讲述加盟方案、投资收益等，并辅以大量的成功案例，把他们转化成为门店的加盟商或代理商。

体验的中心、社交的平台、直播的基地、融招的道场，这四位一体的功能如果能够在门店里体现出来，就可以打造出"超级门店"了。

打造你的超级门店

为什么要打造超级门店？

超级门店相较于传统门店，究竟有何不同？

一、超级门店与传统门店的区别

超级门店与传统门店的区别见表3-1。

表 3-1 超级门店与传统门店的区别

	传统门店	超级门店
时间	8~14小时	24小时日不落门店
空间	有限	无限
客流	冷冷清清	熙熙攘攘
黏性	无	超高
价格	低价加折扣	质优价优
活力	缺少	无限
形态	等人来的静态店	顾客主动前来的动态、生态店

超级门店与传统门店的区别，体现在传统门店的"七宗罪"上。超级门店通过系统化升级，把门店打造成"体验的中心、社交的平台、直播的基地、融招的道场"（超级门店的四大特征，下面有详细讲解），激活门店活力，释放门店潜力，创造门店增长力，针对性解决了传统门店的"七宗罪"。

1. 时间、空间

在没有互联网和电子商务的时代，购买场景仅限于门店。那时，门店的营业时间通常是8~14小时，空间大小也相差无几。各个门店之间没有明显差距，自然也就没有区别。然而，互联网的出现将消费场景扩展到了任何时间、任何地点，这使得传统门店受限的时间和空间成为其痛点。

例如，传统门店的营业时间是8~14小时，面积大约200平方米。但其他门店并非如此。他们即使在下班后，回到家中仍可通过手机发布朋友圈，即使门店打烊，网店依然可以继续营业。更有甚者，完全没有上下班的概念，24小时不间断地进行直播，营业时间覆盖全天，通过全媒体商品分发，实现全网销售。

后者正是超级门店，通过将门店打造成直播基地，将直播从一种手段提升为战略，从可尝试的选项变为标准配置，再到高级配置，结合录播、数字人等新技术，将门店的销售场景扩展到各个角落，实现24小时不间断营业。

2. 形态、客流、黏性

传统门店为什么缺客流？如果说位置是首因，那么对位置的依赖则是首因中的首因。超级门店用"直播的基地+体验的中心+社交的平台"（超级门店四大特征中的三个，下面有详细讲解），将门店从静态升级为动态，最后再升维为生态。让门店从单纯依靠位置自然流量，到直播主动获取流量，体验主动吸引流量，社交主动裂变流量，帮助门店生长出四大超级流量，让顾客越来越黏。

四大超级流量：

- 走过路过，被门店形象吸引进店，经过体验后产生购买行为的流量。
- 经过淘宝、拼多多购物软件，抖音、快手短视频平台，百度、UC搜索引擎等，网上看到直接网上购买成交的流量。
- 经过大众点评、短视频、直播、媒体公关，在网上看到，被吸引到线下，然后线下体验，成交的流量。
- 顾客商品使用得好，体验得舒服，拍照得愉快，分享转介绍或者拼单组团来的流量。

不仅仅依靠地理位置来吸引流量，而是主动培养出获取流量的能力，这正是超级门店的特质。

在流量获取上，超级门店与传统门店的直观区别在于，流量倾向于超级门店，喜欢超级门店，并汇聚于超级门店。超级门店最终无疑会成为网红店，流量汇聚，人气旺盛，但它与网红店是完全不同的两种存在。网红店代表的是新潮流，而超级门店代表的是新系统。潮流可能会消逝，但系统不会，系统会持续存在，会升级，会不断迭代。

3. 价格

由于流量越来越少，传统门店商品的利润区间也会越来越窄，走上低价低质的不归路。刚开始可能是试一试的打折促销，到后来就是戒不掉的促销瘾。长期下来，利润受限，被迫降低品质；品质降低导致流量更少，又被迫再降价吸引流量，走上"低价—低质—低流量—低价"的恶性循环，路越走越窄。

超级门店反之，从流量依赖到流量自生，再到后面反馈商区流量，流量稳定。反映在价格上，不用打价格战，可以走"高流量—高利润—高质量—高流量"的良性循环，路越走越宽。

4. 活力

活力不是仅仅通过钱就能解决的，也不是仅仅通过机制和文化就能搞定的。还有一个非常关键的地方，就是门店本身的"场"和"势"。超级门店，流量稳定，价格正向循环，自带超级的"场"和"势"，让门店活力自然而然生长出来。员工干得起劲，顾客见猎心喜："他们店人满为患，他们的东西肯定好，我也去逛逛。他们店这么多人买，他们的质量肯定棒，我也买件回去试试。"最后，员工干得有成就感，顾客逛得有获得感。

需要特别指出的是，时间与空间，形态、客流与黏性，价格与活力，并非完全独立，也是彼此增益、无形相长的。超级门店就是将这种相关性联系起来、联动起来，打通门店任督二脉，让门店由内而外将活力涌动起来，潜力升腾出来，增长力贯彻出来。

二、超级门店与网店的区别

超级门店与网店的区别见表3-2。

表 3-2　超级门店与网店的区别

	网店	超级门店
信任	缺	超高
体验	缺	看得见，摸得着，试得了
流量	贵	自带流量
交付风险	多	少

相较于网店，超级门店也有着网店梦寐以求的优点。超级门店首先是实体门店，实体门店天生在信任感、体验感、交付风险上优胜网店。门店看得见，信赖靠得住；门店摸得着，体验有着落；门店直接成交，没有网店商品邮寄中快递容易损坏、丢失的风险。这是网店怎么也比拟不了的。

从网店来说，网店本身的优势也越来越小了。曾经，流量便宜是网店的核心优势之一，网店因此大爆发。但现在流量越来越贵。在2018年年底，全球四大会计师事务所之一的毕马威发布《中国零售服务业白皮书》表示，线上获客成本超过200元，已经贵于线下。另外，超级门店正在打造门店的流量自然生长能力，成本又在降低。一个增长，一个下降，优劣更明显了。

三、未来的实体门店

未来，实体门店不仅是销货渠道，还会呈现出多元化与精细化的趋势，用于建立顾客的认知，提升顾客的购物体验，同时推动商业模式的不断创新和发展。

未来门店的形态将呈现出多样化、个性化和专业化的发展趋势。不同类型的门店需要根据自身特点和市场需求，制定相应的发展策略和创新方向，以在激烈的市场竞争中获得持续发展和成功。

1. IP型门店

这类门店的核心在于门店老板或品牌具有明显的个性和特点，能够吸引特定的消费群体。IP型门店的成功在于其独特的魅力和吸引力，使得顾客愿意为了体验这种独特性而前往门店。这种门店形态在未来的发展中，需要注重持续创新和保持个性，以在竞争激烈的市场中脱颖而出。

2. 聚焦细分型门店

这类门店专注于某一细分市场或商品，通过深入挖掘和满足特定消费群体的需求来实现规模化发展。聚焦细分型门店的优势在于其专业性和针对性，能够更好地满足顾客的个性化需求。在未来的发展中，这类门店需要注重市场调研和顾客洞察，以不断调整和优化商品和服务，保持其在细分市场的领先地位。

3. 功效型门店

这类门店注重商品或服务的效果和效率，以快速、明显的效果吸引顾客。功效型门店的成功在于其能够满足顾客对效果和效率的追求，使得顾客在短时间内获得满意的体验。在未来的发展中，这类门店需要注重技术创新和品质提升，以保证其商品或服务的持续领先和竞争优势。

四、如何打造超级门店

超级门店如此先进，是否有特殊要求？传统门店是否也能打造成超级门店？

除了极少数特殊情况，几乎所有品牌方和门店都可以打造自己的超级门店。正如上文分析的那样，超级门店不仅是传统门店的发展方向，也是网店的出路。它是新零售时代门店的"超级"存在和系统解决之道。

那么，如何打造超级门店呢？

实际上，这并不复杂。我从事招商工作已有20年，从多维度深入研究了创业型、发展型、上市公司等不同规模的企业，研究了各行业各类型的门店，并原创了我的超级门店模型：

超级门店=体验的中心+社交的平台+直播的基地+融招的道场

这就是我在前文屡次提到的，超级门店的四大特征：体验的中心、社交的平台、直播的基地、融招的道场。

1. 体验的中心

何谓体验的中心？除了买卖的场地，超级门店一定还是顾客体验的中心。在超级门店里，形、声、闻、味、触——生理上的五感俱全；尊重、安全、高贵、舒适、愉悦——心理上的五感也俱全。你可以体验后再买，也可以单纯体验。

2. 社交的平台

何谓社交的平台？除了商品介绍、卖点传递、商品交付，超级门店一定还是社交的平台。在超级门店里，顾客可以找到兴趣圈子，加入社交活动，拓展生活空间，丰盈生活方式，增加生命的厚度。一句话概括，就是为顾客建立各种组织，营造各种生活。

3. 直播的基地

何谓直播的基地？除了现场售卖、成交，超级门店一定还是直播的基地。通过当下流行的直播带货，一边现场卖，一边直播带，拓展门店经营的时间和空间，将门店打造成24小时不打烊的门店。在门店的物理空间内，商品销售如火如荼；同时，通过直播方式，超越了门店的物理界限，将销售活动延伸至更广阔的网络空间，从而将门店的潜力发挥至极致。这和网红带货——有货无店——是有本质区别的。

4. 融招的道场

何谓融招的道场？除了零售与带货，超级门店一定还是融招的道场。度化会员，发展代理，裂变渠道，让顾客变会员，让会员变代理，建立渠道壁垒，实现门店复制，打造千城万店。融招的道场，是对门店功能和意义的质变式的提升。门店既是门店，也是沙龙基地、融招道场，这才是鲜活的、有生命力的"超级"门店。

就如桌子有四条腿，超级门店一定要有这四个特征，缺一不可。打造超级门店就是打造这四个特征。

在我原创的"融·招·养"招商系统理论里，超级门店是其中的九大引爆点中引爆门店的核心内容。为了让更多企业家现学现用，活学活用，在后面的叙述中，我将尽量用简单的语言来表达，让大家一听就懂，一学就会。

布局你的千城万店

打造千城万店的核心在于实现规模化效益，即"一本万利"的愿景。千城万店的基础在于其独特的商业模式，更具体地说，是构建在门店之上的运营体系。布局千城万店是一个复杂而系统的过程，涉及多个方面的策略和措施。

一、单店盈利模型

单店盈利模型的精心打造，是企业快速扩张、布局千城万店的基石，它决定了品牌能否在市场中立足并持续吸引顾客。

单店盈利模型是指通过深入分析单店经营的各个环节，将成功的赚钱模式系统化、标准化，并经过市场验证后形成的一套可盈利、可复制的经营模板。这一模型不仅涵盖了商品选择、服务流程、运营管理、成本控制等关键要素，还确保了在不同市场环境和顾客需求下，单店依然能够保持稳定的盈利能力。

值得注意的是，由于市场环境、消费群体及地理位置的差异，每个品牌可能都会根据具体情况设计出多种单店盈利模型，如旗舰店模型、社区店模型、校区店模型及交通枢纽店模型等，以适应不同场景下的经营需求。

在决定开展加盟业务之前，构建单店盈利模型至关重要，原因主要有两方面。

① 增强企业核心竞争力。面对激烈的市场竞争和日益严重的同质化问题，单一的商品优势已不足以支撑企业的长远发展。通过构建单店盈利模型，企业能够形成包括商品、服务、运营、选址、装修等在内的全方位竞争优势，构建难以被轻易复制的竞争壁垒。这不仅有助于企业保持市场领先地位，还能在吸引加盟商时展现出强大的品牌实力和运营支持能力。

② 增强加盟商黏性。成功的加盟体系不仅依赖于初期的加盟费和保证

金收入，更在于长期稳定的合作关系和加盟商对品牌的信任与依赖。通过构建单店盈利模型，企业能够为加盟商提供全方位的支持和服务，如整店输出、选址指导、装修设计、运营管理培训等，帮助加盟商快速上手并实现盈利。这种深度的合作与支持将大大增强加盟商的黏性，促进双方共赢发展，同时也有助于维护企业品牌形象和口碑。

接下来，我们将深入探讨连锁总部的职能设计，即如何通过科学合理的职能配置和有效的服务支持，为加盟商赋能，解决他们在经营过程中遇到的各种问题，共同推动品牌的长远发展。

1. 总部赋能的四种模式

总部赋能的四种模式主要涵盖了从技术培训到全面管理的多个维度，旨在帮助加盟商或子公司提升运营能力、优化业务流程并实现可持续增长（见图4-1）。以下是这四种模式的详细解析。

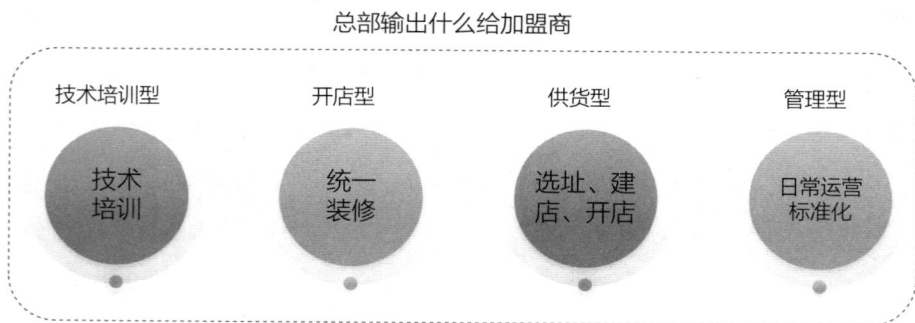

图4-1 总部赋能的四种模式

（1）技术培训型模式

总部的核心职能是单纯的技术培训输出。通过传授独特的商品制作技术或经营技巧，总部主要赚取的是培训费用。这种模式的盈利结构相对单一，主要依赖于培训服务的吸引力和市场认可度。

🗺️ 特点

总部专注于为加盟商或子公司提供全面的技术培训，确保他们掌握商品制作的核心技术和经营要点。通过传授商品制作技术和经营知识，助力其独立开店运营。

盈利点

主要集中在培训费用上，即通过收取培训费用实现盈利。

案例

典型代表如沙县小吃、宜宾燃面、兰州拉面等，这些品牌以其独特的地方风味和简易的培训模式吸引了众多创业者加入。

（2）开店型模式

当总部提供统一装修和技术培训服务时，其盈利结构便得到了扩展。除了培训费用，总部还能通过装修设计、设备采购等开店相关服务获取收益。这种模式下，总部不仅帮助加盟商掌握技术，还助力其快速建立品牌形象，实现盈利多元化。

特点

在技术培训的基础上，进一步提供统一的店面形象设计、VI系统导入以及装修指导等服务。

帮助加盟商或子公司快速建立具有品牌特色的门店，并提供一站式开店解决方案。

盈利点

除了培训费用，还包括装修设计费、设备采购等开店相关的费用。

案例

常见于各类加盟网站上的品牌项目，这些品牌通过标准化的开店流程和支持体系降低了创业门槛和风险。

（3）供货型模式

随着总部职能的进一步升级，供货型模式应运而生。在此模式下，总部不仅负责技术培训、形象设计和选址开店，还深度介入供应链管理，为加盟商提供稳定的原材料供应和物流配送服务。通过优化供应链、确保商品质量和口味的一致性，总部能够逐渐积累品牌资产，赚取品牌溢价。这种模式的盈利结构更加稳固且多元化，涵盖了商品销售、品牌授权等多个方面。

特点

在技术培训、形象设计、选址开店的基础上，进一步整合供应链资源。

为加盟商或子公司提供稳定的原材料供应和物流配送服务，确保商品质量和口味的一致性。

盈利点

主要在于供应链优化带来的成本优势以及商品销售和品牌模式的推广。

案例

一些较为规范和成熟的品牌连锁企业，如知名的餐饮或零售品牌，通过完善的供应链体系和标准化的经营模式实现了品牌的快速扩张和市场占有。

（4）管理型模式

管理型模式则是总部职能的全面展现。在这种模式下，总部不仅提供选址、装修、开店等全方位支持，还深入参与加盟店的日常运营管理，通过提供策略咨询、盈利提升方案和专业督导服务，帮助加盟商实现经营效益最大化。这种深度介入不仅增强了加盟商对总部的依赖性和忠诚度，也使总部的盈利方式变得更加灵活多样。除了传统的供应链和商品模式盈利，还可能涉及金融资本运作、商业地产开发等多个领域，形成更为复杂且强大的盈利生态体系。

特点

不仅涵盖技术培训、形象设计、选址开店和供应链服务，还额外提供日常的运营管理咨询、门店盈利水平提升策略以及专业的督导服务。

全方位支持加盟商或子公司的经营活动，致力于建立长期稳定的合作关系。

📍 盈利点

盈利方式更加灵活多样，除了供应链和商品模式带来的收益，还可能涉及金融资本运作、商业地产开发等多个领域。

📍 案例

国际知名的连锁品牌如肯德基、麦当劳，以及国内领先的水果零售品牌百果园等，均采用了这种管理型模式，通过强大的品牌影响力和完善的支持体系实现了在全球或全国范围内的广泛布局和成功经营。

综上所述，总部赋能的四种模式各有特色，分别适用于不同发展阶段和需求的企业。企业可以根据自身实际情况选择最适合的赋能模式以实现快速成长和可持续发展。

2. 加盟商的困惑

首先，经营者需要进行思维模式的转变，认识到总部不仅提供实体商品给顾客，更重要的是，要将可盈利、可复制的门店模式作为一种独特的"商品"来精心打造并销售给加盟商。这种观念的转变，使门店从传统的商品导向转向更全面和深远的商业模式构建。

（1）加盟商的需求

在设计这个"商品"——单店盈利模型时，必须深入了解并满足加盟商的需求，而非仅仅关注终端顾客的需求。加盟商在投资一个项目时，他们思考的核心问题是如何确保投资的安全与回报。因此，不是简单地销售商品，而是在向他们推销一个能够赚钱的门店、一个充满商机的商业模式。

基于这样的理解，可以清晰地认识到，单店盈利模型的设计应当紧密围绕加盟商的需求展开。以下是一些加盟商常见的痛点，也是在设计单店盈利模型时需要重点解决的问题。

- 经验不足。很多加盟商可能缺乏零售或特定行业的经验，对于选址、装修、开店等关键环节感到迷茫。因此，单店盈利模型需要提供详尽的指导和支持，包括选址评估、装修设计、开业策划等一站式服务，帮助加盟商轻松上手。

- 门店管理难题。门店的日常运营和管理对于加盟商来说可能是一个巨大的挑战。经营者需要在单店盈利模型中融入完善的培训体系，包括店长培训、员工管理、商品促销、陈列技巧等内容，确保加盟商能够迅速掌握门店管理的精髓。

- 投资回报疑虑。加盟商最为关心的莫过于项目的盈利能力和投资回报周期。因此，单店盈利模型必须基于翔实的数据分析和市场调研，为加盟商提供清晰的投资预算、盈利预测和回本周期分析，消除他们的疑虑，增强他们的投资信心。

（2）加盟商的画像

下面来看一看对加盟商画像（见图4-2）的定义和理解。

- 加盟商会问："卖给谁？"你要告诉加盟商顾客是谁。

- 加盟商会问："卖什么？"你要告诉加盟商店里的商品/服务。

- 加盟商会问："在哪卖？"你要教加盟商线上卖、线下卖。

- 加盟商还会问："和谁卖？"你要教加盟商和合伙人、合作伙伴一起卖。

单店打造就有点像"嫁女儿"。什么意思？想把门店卖掉，就要给门店包装再卖给对方。

卖代理就有点像"选女婿"，如果要找省代、市代、区县代，就要万里挑一、百里挑一，因为区域代理的要求比门店加盟商的要求高得多。

门店加盟商一般是夫妻店，差不多都能干；而省代、市代、区县代是公司化运作，对于这些人的要求要更高、标准要更严。

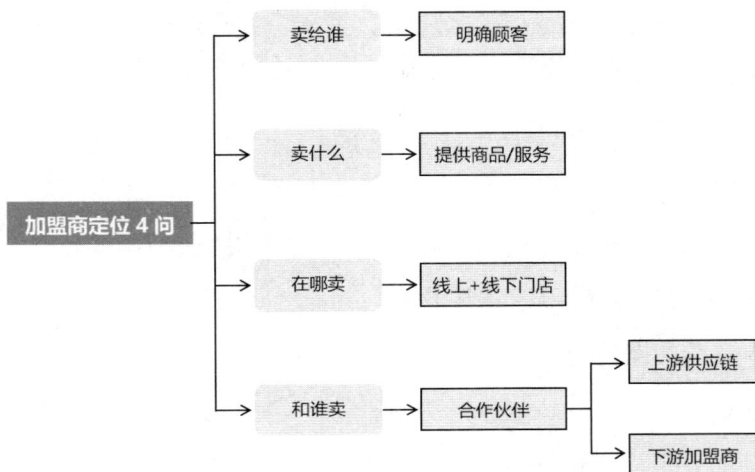

图4-2　加盟商定位4问

思考：你的加盟商是谁？从事什么工作？收入怎么样？家庭状况怎么样？

（3）加盟商的群体分析

下面来看一看加盟商的投资心态。加盟商会问你投资成本回收周期、投资回报率以及持续盈利的能力。

你需要做的是向加盟商证明你说的是真的。拿什么证明呢？你的信任状是什么？

信任状就是大量的案例，你的B端案例。这里的B端案例不是指商品使用案例，因为商品使用案例只能卖货，卖不了店；而是指有大量的门店运营手册、门店运营系统、门店运营流程以及跟你合作的门店赚到钱的B端案例。有这些东西，别人就会对你产生信任。

3. 如何梳理单店盈利模型

梳理单店盈利模型就是打造"1"、复制"N"的过程。单店是连锁经营的基础，从1到10家门店，单店盈利是关键，没有盈利谈复制，无异于空中楼阁。

通过单店经营，把赚钱模式总结、提炼，并形成一套经得起市场检验的、可盈利、可复制的单店盈利模型。

（1）总部的目的和职能

根据加盟商的具体需求和市场环境，制定总部的职能是至关重要的。一个清晰明确的总部定位能够指导企业构建合理的盈利结构，并有效服务于两类核心顾客：终端顾客与加盟商。

一般来说，连锁总部的盈利结构可以多元化地展开，包括但不限于以下几个方面：

- 商品销售。总部通过研发和生产具有竞争力的商品，直接面向终端顾客销售，或者通过加盟商渠道销售，获取商品利润。

- 模式输出。总部将其成功的商业模式、运营经验和管理体系作为商品输出给加盟商，通过收取加盟费、管理费等方式实现盈利。

- 供应链整合。通过整合上游供应商资源，优化采购渠道，降低成本，提高供应链效率，为加盟商提供高性价比的商品和服务，同时从供应链中赚取差价或服务费。

- 金融资本运作。利用品牌影响力和市场地位，吸引金融资本支持，进行品牌扩张、并购重组等资本运作，实现资本增值。

- 房产及其他增值服务。在特定情况下，总部还可能涉足商业地产开发、物业管理等领域，或通过提供广告、物流、培训等增值服务增加收入来源。

为了更好地服务于这两类顾客，连锁总部需要明确其职能定位：

- 针对终端顾客。总部应聚焦于提供高质量的商品和服务，满足顾客的多样化需求，提升品牌形象和忠诚度。

- 针对加盟商。总部应成为加盟商的强大后盾，提供全面的支持和服务，包括技术培训、选址装修、运营管理、供应链保障等，帮助加盟商成功开店并持续盈利。

通过精准定位、优化职能设计和构建多元化盈利结构，连锁总部能够在激烈的市场竞争中脱颖而出，实现与加盟商、顾客的共赢发展。

连锁总部通过服务加盟商或者直营门店以及内部门店合伙人，让他们赚更多的钱，然后共同服务门店的顾客（见图4-3）。即：总部为合伙人/加盟商赋能，所有门店为顾客服务。

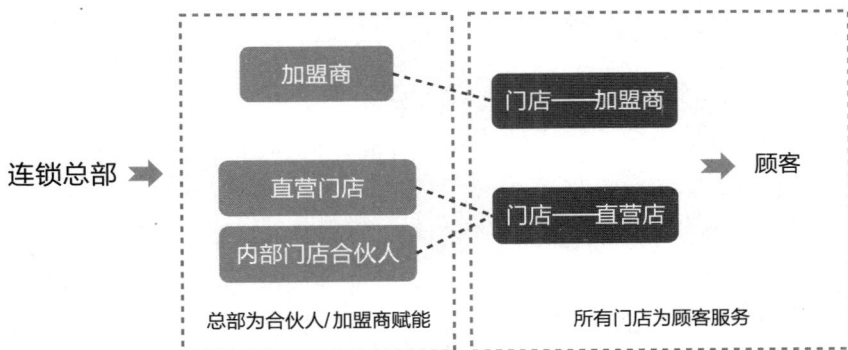

图4-3　连锁总部的目的

当我们明确了总部的职能定位后，便可以依托过往开店的成功经验，精心梳理并提炼出一套既具备盈利能力又易于复制的单店盈利模型。这一步是布局千城万店的关键所在，它确保了品牌在不同市场、不同环境下的持续扩展和成功复制。

（2）单店盈利模型的组成

根据加盟商的实际需求进行定制，那么加盟商关心的问题有哪些？

首先，加盟商会询问店铺规模的问题。他们可能表示自己经验不足，对于选址、装修、开店等环节缺乏信心，因此你需要为他们提供一套完整的开店系统。

其次，加盟商会提出自己不懂管理的问题，这时你需要教会他们如何培训员工、如何陈列商品、如何制定促销方案，为他们提供一套门店标准化系统。

最后，加盟商还会关心投资成本、回本时间以及后续盈利能力等问题。为了解决这些问题，你需要向他们提供一份详细的投资回报分析数据，这样他们才能放心与你合作。

单店盈利模型由开店系统、标准化系统以及投资回报分析三大要素构成（见表4-1）。

表 4-1　单店盈利模型的组成要素

	组成要素	具体详情	相关操作手册
单店盈利模型	开店系统	统一选址	《选址手册》
		统一装修	《建店手册》
		统一开店	《开店手册》
	门店标准化	人的标准化管理	《店长手册》《导购手册》《收银手册》
		货的标准化管理	《商品管理手册》《仓储手册》《物流手册》
		场的标准化管理	《陈列手册》《安全卫生手册》
	投资回报分析	门店投资额	加盟投资回报分析表
		门店利润率	
		门店投资回报周期	

此模型涵盖了人的标准化管理、货的标准化管理、场的标准化管理，以及门店投资额、门店利润率、门店投资回报等。为确保加盟商顺利接入，需将所有相关操作手册准备齐全，一旦加盟商表达合作意向，即可向其提供这一整套系统。

当前的加盟商，在考察合作时，不仅关注商品本身，更重视品牌方提供的帮扶。若仅完成加盟流程并发货后，缺乏后续的有效帮扶措施，加盟商很可能会选择终止合作。

因此，应向加盟商明确阐述：我们拥有一套极其完善、系统且科学的运营体系。只要加盟商遵循我们的指导与规范，便能够收获相应的成果，尽管成果的大小可能因各种因素而异。我们不仅仅提供商品，发货只是合作的起点。我们更提供详尽的手册、流程指导，以及商学院的专业培训，旨在帮助加盟商提升经营能力，实现更好的业绩。请加盟商放心，选择与我们合作加盟，将是一个无忧的选择。

①开店系统。

当然，总部完全有能力也有责任为加盟商提供统一的选址、装修和开业支持，以全方位地扶持加盟商，确保每一家门店都能成功启动并稳健运营。为了实现这一目标，总部可以依托丰富的市场经验和专业知识，科学地总结出门店成功的关键要素，并将其编写成一系列标准化手册，供加盟商参考执行。

这些标准化手册不仅是对总部成功经验的提炼和传承，更是对加盟商实际操作的有力指导。

- 《选址手册》：详细介绍选址的原则、步骤和评估方法，包括目标市场分析、商圈选择、客流量测算、竞争对手调研等内容。提供具体的选址工具和模板，如商圈评估表、竞争对手分析报告等，帮助加盟商做出科学合理的选址决策。分享成功选址案例，让加盟商从实际操作中汲取经验，降低选址风险。

- 《建店手册》：阐述门店装修设计的理念、风格和标准，确保所有门店在视觉形象上保持一致性和辨识度。提供详细的装修流程和施工规范，包括装修材料选择、施工队伍管理、工期控制等方面，确保装修质量和进度。强调装修过程中的安全管理和环保要求，确保施工过程对周边环境和人员的影响最小化。

- 《开店手册》：详细介绍门店开业前的准备工作，包括员工招聘与培训、商品采购与陈列、营销活动策划等内容。提供开业当天的具体流程和注意事项，确保开业活动顺利进行，吸引顾客关注。分享开业后的运营管理要点，包括日常运营管理、顾客服务规范、财务管理等方面，帮助加盟商快速进入经营状态，实现盈利目标。

②门店标准化。

门店的管理确实是一个复杂且细致的过程。为了确保门店运营的高效与规范，建立一套全面的门店标准化体系至关重要。前文提到的"人、货、场"的标准化是构建这一体系的核心。

人的标准化

在人的标准化方面，关键在于明确门店各关键岗位的角色定位、职责要求及能力标准。这些关键岗位通常是门店运营不可或缺的部分，如店长、导购、收银员等（具体岗位需根据行业特性调整）。

手册梳理：

- 《店长手册》：详细阐述店长的职责范围、管理技巧、领导力培养、业绩考核标准等，确保店长能够全面掌控门店运营，带领团队实现目标。

- 《导购手册》：明确导购的工作流程、销售技巧、顾客服务规范、商品知识等，提升导购的专业素养和服务质量，促进销售业绩提升。

- 《收银手册》：规范收银操作流程、现金管理、支付系统操作、发票管理等，确保收银工作的准确无误，保障资金安全。

货的标准化

货的标准化涵盖了商品的全生命周期管理，从采购入库到销售出库，再到物流仓储的每一个环节。

手册梳理：

- 《商品管理手册》：包括商品采购计划制订、供应商管理、商品定价策略、库存控制、商品陈列规范等，确保商品质量、种类和数量的合理配置，满足顾客需求。
- 《仓储手册》：详细规定仓库布局、货物入库验收、存储保管、出库流程、库存盘点等仓储作业标准，提高仓储效率，降低损耗。
- 《物流手册》：明确物流配送的流程、时间要求、包装标准、运输安全等，确保商品能够安全、及时、准确地送达门店或顾客手中。

场的标准化

场的标准化主要关注门店的陈列布局、环境卫生及安全管理等方面。

手册梳理：

- 《陈列手册》：根据商品特性和顾客购物习惯，制定科学的陈列方案，包括商品分类、摆放位置、展示方式等，提升门店视觉效果，激发顾客购买欲望。
- 《安全卫生手册》：规定门店的安全管理制度、卫生清洁标准、消防设备使用、紧急情况应对措施等，确保门店环境安全、卫生，为顾客提供舒适的购物体验。

③投资回报分析。

当我们成功地为加盟商赋能，使其对我们的商品、模式产生浓厚兴趣时，接下来的关键步骤便是深入分析投资回报，以数据为依据，展现项目的吸引力和可行性。投资回报分析表的构建应聚焦于三大核心要点：

- 门店总投资概览。清晰明了地列出加盟商开设一家门店所需的总投资额，包括但不限于门店租金、装修费用、设备购置、首批进货成本、人员培训及开业宣传等各项费用。这有助于加盟商全面评估自身财务状况，做出合理的投资决策。
- 门店利润率解析。深入分析并展示门店在正常运营下的利润率水平。这包括考虑商品成本、运营成本（如人工、水电、租金等）、市场推广费用等因素后，所实现的净利润占总收入的比例。通过具体数据说明，让加盟商对项目的盈利潜力有直观的认识。

- 门店投资回报周期预测。基于过往成功案例及市场趋势分析，合理预测门店的投资回报周期，即加盟商从投入资金到收回全部投资成本所需的时间。这一指标对于加盟商而言至关重要，因为它直接关系到资金回笼的速度和项目的长期可持续性。

单店盈利模型的成功与否，归根结底在于其是否能够实现盈利。只有当单店能够稳定地创造利润，我们才能说这一模型是成功的。因此，在梳理整个单店盈利模型的过程中，我们必须确保每个细节都经过精心设计和严格测试，以确保其在实际运营中的有效性和可复制性。

最终，通过可复制、可盈利的标准化体系，我们不仅能够帮助加盟商轻松上手、快速盈利，更能够推动品牌在整个市场中的持续扩张和影响力提升。这样的整店输出模式，将是我们品牌做强做大的坚实基石。

二、门店合伙模式

门店合伙是一种商业合作模式，通过合伙人之间的合作与共享，共同经营门店，并实现利润的分配。这种模式可以帮助门店快速回本、锁定和裂变。

门店合伙模式是一种有效的商业模式，可以吸引不同类型的合伙人，包括员工、顾客和投资人。通过集合多方资源和力量，门店合伙模式能够推动门店的发展。

1. 直盟托管模式

直盟托管模式，作为一种结合了直营管理和加盟机制的商业模式，旨在通过强化的管理和合理的利润分配，实现品牌方与合伙人的共赢。因此，企业经营者要对直营托管的合伙人采用直营管理方式加强管理，并用代理机制给予利润分配。

在这种模式下，品牌方（或总部）对门店或合伙人采用直营式的管理方式，确保品牌标准和服务质量的统一。同时，利用加盟机制吸引外部资金和资源，实现快速扩张。这种模式既保留了直营模式对品质和服务的严格控制，又借鉴了加盟模式在资金和资源方面的灵活性。

下面来看一看，门店想做直盟托管需要了解哪些内容？

（1）门店选址

首先，第一个门店选址，一般门店选址选在哪里呢？我建议大家选在社区店，不建议大家选步行街，也不建议大家选商场店，更不建议大家选CBD。

未来社区是门店最后一块处女地。因为社区店的目的是经营会员、发展老顾客，做的是私域。如果城市大一点，步行街、商场店基本上做的是流量客，很多都是一次性生意。但是如果经营者想深度挖掘顾客的终身价值，持续成交顾客一千次，就需要做私域，而私域最好的阵地就在社区店。

因此，小区门口的门面自然成为经营者的首要之选。鉴于一般商场受限于营业时间，无法提供24小时服务，导致很多生意难以在商场内开展；而步行街虽人流密集，但其高昂的房租和过多的旅游人群也增加了运营成本。基于这些考量，我建议开设社区店。社区店的优势在于房租相对较低，且由于顾客多为小区内的业主，信任成本也相对较低，邻里间上下楼即可熟识，便于我们为会员提供更加贴心的服务。

此外，社区店的服务范围相对集中，进一步降低了信任成本。相比商场店，若需为顾客提供上门服务，在商场可能需要额外花费时间和交通成本；而社区店则能直接从小区门口出发，轻松上楼服务，大大提高了服务效率与便捷性。

此外，社区店的裂变速度很快，得益于小区业主普遍参与的物业社群，这些社群构成了宝贵的私域流量池。在业主群内，我们可以有效培育"火种"，助力门店快速裂变出更多代理。

因此，社区店模式极为优越，它能显著延长营业时间，实现24小时不间断服务。鉴于夜经济已成为消费新趋势，现代人白天忙碌，夜晚成为消费高峰期，社区店恰好能完美契合这一需求，满足全天候营业的商业模式。

若你处于下沉市场的县级市，建议选址于繁华地段开设大型店铺。策略上，应遵循"小城开大店，大城开小店"的原则。

运营上，白天专注于线下实体业务，夜幕降临则转战线上直播间，利用视频号、抖音、快手、小红书等多平台，让门店导购员直接开播，打造出一个全天候运营的"日不落"直播间。

归根结底，生意的本质是加大宣传、促进销售。一方面，通过招商账号吸引合作伙伴，另一方面，利用门店账号直接带货，双管齐下，方能实现业绩的稳步增长。

至于社区店的选址面积，一般建议控制在60平方米左右，特别是无品牌支撑时，小店模式更为灵活。同时，门店人力成本也应优化，尽量将员工数量控制在三人以内，以提升整体运营效率与周转率。

（2）回本周期

门店的回本周期控制在三到六个月。如何实现呢？

推三回本

如果加盟商支付5万元作为加盟费加入某店，我们设定"推三回本"机制，即鼓励他们推荐新客户加盟，每成功推荐一位支付5万元加盟费的客户，加盟商均可获得返点。具体而言，推荐首位客户返1万元，第二位再返1万元，而当推荐到第三位时，则一次性返还3万元，即"推三回本"机制。

这一机制与平均返点的主要区别在于激励机制的差异化。若每次推荐均固定返1.5万元，则后续推荐动力可能减弱；而通过递增返点，特别是第三个推荐的大幅奖励，能有效激发加盟商的积极性，促使他们更加努力地推荐新客户。

当有潜在加盟商表达兴趣时，我们会引导其前往样板店参观。样板店由老代理经营，新加盟者通过实地考察，结合老代理的详细介绍，了解门店的优势与魅力。成功吸引新加盟者后，老代理将获得1万元推荐金，此金额可灵活处理，如以等值商品抵用券形式发放，便于其在后续经营中进货使用。

整个过程中，一旦有创业者到访老代理门店进行考察，老代理将负责培训、展示、说服、接待、成交等各个环节，通过真诚沟通建立信任。若最终促成加盟，老代理将获得1万元商品抵用金作为奖励。

同时，这也是一个双向评估与激励的过程。新创业者在老门店进行为期约一周的模拟实习，包括作业、服务、销售、操作等，其间老店长会评估其表现。若新创业者获得老店长认可并获取推荐信，其加盟费可凭此信减免1万元，从而鼓励双方共同努力，达成双赢局面。

三方合伙

三方合伙是一种品牌方、投资方和运营方的合作模式，是现代商业中常见的合作方式。这种合作模式通过集合各方的优势资源，共同推动项目的成功。下面我将分别解释这三个角色的角色定位、职责以及它们之间的合作关系（见图4-4）。

图4-4　三方合伙的合作模式

①品牌方。

角色定位：品牌方是品牌的拥有者和代表者，负责提供品牌的核心价值和品牌形象。品牌方在市场中拥有一定的知名度和影响力，能够为项目带来品牌效应和顾客信任。

主要职责：

品牌授权：向合作方提供品牌使用权，确保合作项目的品牌一致性和规范性。

品牌监督：监督合作项目的品牌运用情况，确保品牌形象不受损害。

品牌宣传：利用自身资源，为合作项目提供品牌宣传支持，提升项目知名度。

②投资方。

角色定位：投资方是项目的资金提供者，负责为项目提供必要的资金支持。投资方通常具有雄厚的资金实力和丰富的投资经验，能够评估项目的潜在价值和风险。

主要职责：

资金注入：根据项目需求，按时足额地提供资金支持。

风险评估：对项目进行风险评估，确保投资的安全性和回报性。

财务管理：参与项目的财务管理，确保资金的合理使用和项目的经济效益。

③运营方。

角色定位：运营方是项目的实际运营者，负责项目的日常运营和管理。运营方需要具备丰富的行业经验和管理能力，能够确保项目的顺利运行和持续增长。

主要职责：

战略规划：制定项目的长期发展战略和短期运营计划。

市场推广：负责项目的市场推广工作，包括市场调研、营销策划、渠道拓展等。

日常运营：负责项目的日常运营管理工作，包括供应链管理、顾客服务、团队管理等。

总结而言，品牌方拥有商标的所有权；投资方作为资金提供者，是我们紧密的合作伙伴；而运营方，即店长，则负责具体的运营方式。

我们倡导的是三方合作的模式：让具备技术专长的人管理店铺，让拥有资金和资源的人投资开店，而你则专注于研发、培训及品牌建设，这样的合作方式我们称之为三方合伙、共同开店。

因此，投资方的主要职责是投入资金并寻找资源，无须直接参与店铺的日常运营工作，如处理工商税务、消防、城管、银行事务以及顾客关系等。这些技术性和操作性的工作将由店长带领团队完成，而你则负责整体的运营策略、审核及监督执行。

三权分立

三权分立指的是分红权、运营权、投资权（见图4-5）。在企业中，这三种权力可能由不同的主体行使，以实现权力的分散和制衡。投资方享有分红权，店长享有运营权，品牌方享有投资权。

分红权

投资权 **运营权**

图4-5 三权分立

接下来谈谈股份分配的问题。

对于所有门店的开支，包括选址、装修、转让、设备购置、进货成本、加盟以及各项杂费等，均由投资方全额承担。

在股份分配上，通常设定为投资方持股30%，店长持股30%，品牌方则持有剩余的40%。

此时，应向投资方和店长明确说明："若投资方能持续吸引顾客进店消费并促成会员卡充值，而店长则能有效提升门店营业额，助力投资方迅速回收成本，那么双方的收益分配将会产生积极的变化。"

这种模式下，资金方面完全由投资方负责，门店的日常运营则由店长全权管理。作为品牌方，其核心职责则聚焦于品牌建设、流量获取、商品研发、门店培训及商学院赋能等方面，旨在为门店提供全方位的支持与提升。

某服装品牌

它看似是一家集工厂、供应链与门店于一体的大型连锁男装品牌，但实际上，更准确地说，它是一家致力于向上下游进行赋能的供应链企业。其上游连接着约1万家服装制造工厂，下游则是加盟商投资的门店。库存的风险主要由工厂承担，因此即使部分工厂面临困境，也可进行调整更换；而销售的压力则落在加盟商肩上，门店若经营不善关闭，也会有新的加盟商加入，这构成了其独特的"供应链居中，赋能两端"的经营策略。

该企业拥有超过7600家门店，其中超过85%采用的是托管式加盟模式，或可称之为"类直营模式"。这种"托管之王"的策略是其业务模式的核心，通过集中管理和支持，实现高效运营与品牌扩张。

轻资产

该企业不涉足服装产业链的上游环节。将服装的生产、设计、运输等全部实现了外包，所有服装的初步设计和样式均由供应商的设计师提供。随后，总部的设计师团队会根据当前的流行趋势，精心挑选合适的款式，并最终确定订单。

这一模式显著降低了整体经营成本。无须长期维持庞大的自有设计师团队，同时，厂房、工人等重资产也大幅减少，避免了大规模固定资产投入所带来的摊销压力，从而对利润产生了最小的负面影响。

库存零风险

供应商参与服装的设计与生产，但同时承担全部的库存风险，从而使得加盟商能够享有更高的毛利率。

对于未能售出的服装，该企业将采取退回生产商或向厂商进行二次进货的方式处理，并由旗下的折扣店品牌"百依百顺"负责销售。这些措施有效地转移了存货风险，免除了全国各地加盟店因库存积压而产生的额外成本。

该企业通过实施轻资产运营策略及实现库存零风险的管理，成功降低了整体经营成本。与此同时，通过深度赋能共享供应链、持续提升商品质量以及增强品牌影响力等多种途径，该企业实现了高效盈利。其收入来源广泛，主要包括线下加盟费与利润分成、线上销售利润等多元化渠道，为该企业的持续稳定发展奠定了坚实基础。

深度赋能：共享供应链

该企业将经营的重心聚焦于品牌塑造与对上下游的赋能上，通过构建服装产业的"路由器",成功搭建了一个全面的共享型供应链管理平台。

该平台将生产端的上下游企业、品牌方以及终端加盟商紧密连接成一个利益共同体。在生产环节,该企业积极联合上下游的主要生产供应商与原辅料供应商进行谈判,以确保获取到既高质量又价格合理的男装产品。

在新零售模式的驱动下,品牌方与供应商、加盟商等合作伙伴构建了紧密的联营合作关系,形成了稳固的利益共同体。通过整合产业链上的各类资源,品牌方实现了轻资产运营模式,有效地将存货管理和资金流转的压力分散给了上下游合作伙伴,而自身则更加专注于品牌管理、供应链优化以及营销网络的建设与管理。这种创新的合作模式不仅显著降低了品牌方的经营成本,还极大地提升了整个产业链的运作效率与整体竞争力。

重经营:类直营

为了增强对品牌终端的控制力,加盟商在支付加盟费后,仅获得门店的所有权,并需承担相关经营费用,而实际的经营权则归属品牌方。

品牌方统一委派店长来负责门店的日常经营与管理,这一模式有效降低了加盟商的入门要求。作为加盟商,无须对经营或服装行业具备深厚的专业知识,只需确保资金的有效运转即可。这一特点也促进了线下门店的迅速扩张。

在实际操作中,众多品牌成功采纳了直盟托管模式,并取得了瞩目的成果。以名创优品、海澜之家等知名品牌为例,它们正是凭借此模式实现了市场的迅速扩张与品牌影响力的显著提升。这些品牌凭借严格的品质监控与统一的管理标准,确保了各门店能持续提供一致的品牌体验和服务品质;同时,通过设计合理的利润分配机制,有效激发了合伙人的经营热情,实现了品牌与合伙人之间的双赢。

综上所述,直盟托管模式以其独特的优势展现出广阔的发展潜力。它巧妙融合了直营模式对品质与服务的严格把控与加盟模式在资金与资源利用上的灵活性。对于追求快速扩张与品牌影响力提升的品牌而言，直盟托管模式无疑是一个极具吸引力的选择。

2. "零成本"模式

"零成本"模式指的是在不需要直接投入大量资金来租赁店面、购置设备或囤积大量库存商品的情况下，利用现有资源、网络平台或其他低成本甚至无成本的方式来启动和运营一家门店。此模式通过利益捆绑，实现渠道层层快速回本、锁定和裂变。

（1）ITAT——开创服装零售蓝海

ITAT是一家在香港注册的经营国际品牌服装的连锁零售企业。它没有自己的工厂、没有统一的品牌、没有各级代理商，也没有库存。然而，这家企业不付场租却能揽下地盘，不付货款却能让数千家服装生产商卖力供货。这样一家"皮包公司"，却能让众多商场业主和厂家乐于与它合作。

它以"贴近大众"为经营理念，与服装生产商、商业地产商形成"铁三角"联盟，从而创造了零货款、零场租、零库存的奇迹。ITAT创造了一种全新的商业模式，打破了传统的零售模式，通过整合各方资源，构建一个由生产厂家（供应商）、场地提供商和企业自身构成的三方合作模式，实现了快速的扩张速度。

- 2004年9月，开设第一家服装零售店，当年总共开设门店8家，实现销售额546万元。
- 2005年，年销售额1.79亿元，门店68家。
- 2006年，年销售额7.78亿元，门店400多家。
- 2007年，根据其提供给投资公司的报告预计销售额可达42亿元，门店1100家。

做到这一切，ITAT只用了短短三年的时间。在全国的门店面积从1000平方米飞速增长到100万平方米，1000倍的增长速度，这在全世界都是绝无仅有的。在绝大部分的创业企业中，三年还不足以让其达到千万级的销售额，而ITAT却已经做到了十亿级。

ITAT同时做到了"三零"（见图4-6）——零货款、零场租和零库存。这对于很多服装零售企业来说是难以想象的，因为高昂的店租和庞大的库存一直是服装零售业最大的风险。那么，ITAT是如何轻松做到"三零"的呢？

图4-6 三零模式

①零货款。

ITAT向上游的2800多家供应商先拿货而后结款，即进行代销，仅承担销售期间的保管和营销费用。作为供应商，肯定首选经销方式，因为中小服装生产企业大都做代工，很想拥有自己的品牌，但建设品牌的庞大费用是它们无法承受的。而在ITAT可以打自己的品牌，虽然在会员店里通常有上百个品牌，但在ITAT不用交"进场费"，没有漫长的结算账期，没有销售扣点，这些都使供应商在流通成本上省了一笔。况且，在早期，大多数供应商都只是将工厂的库存拿出来，能卖多少算多少。

②零场租。

ITAT坚持以每月销售额15%的浮动场租和每个商场结算，而并不事先签订租赁合同。另外，在每个商场里设置专柜时，都强势地进行自收银，以加速现金流的周转。为了获取商场业主的信任，ITAT也向他们开放了IT系统，商场业主可以随时监控专柜的销售额，计算出自己应得的金额。

③零库存。

让供应商承担库存压力和物流配送费用。要实现零库存就需要快速的商品流转，为此ITAT提供了系统让每位供应商查询自己商品的销售情况和库存信息。一旦遇到某个门店缺货，供应商立即对其提供门对门的配送。而对于一些相对偏远的供应商，ITAT的物流部可以帮助其配送商品，物流费用则要由供应商支付。ITAT的OA系统还能让供应商和门店管理者跟踪每单物流，了解每批商品发出时间和抵达时间，让供应商能够分析市场需求并及时安排商品补充或调拨，以此降低了存货风险。

这就是ITAT的三零模式。在这种模式下，供应商负责提供商品，场地提供商提供物业场所，而品牌方则全面负责店面经营管理。这种模式不仅实现了资源共享和风险共担，还使得品牌方无须支付门店租金，从而避免了高额的租金费用。

同时，由于供应商承担库存风险和物流配送费用，品牌方也无须承担库存积压的风险。这种模式的成功在于它有效地解决了传统零售业面临的两大难题：高额的租金费用和商品库存积压风险。

（2）半天妖——三年新开1200多家门店

半天妖青花椒烤鱼总部在山东济南，经过几年摸索，从原点期进入快速扩张阶段。截至2022年12月，半天妖已在全国及韩国首尔100多座城市开出1200多家门店，且每年以营业额增长一倍的势头在快速发展。

半天妖创造了一种新的商业组合"门店众筹、员工合伙、直营管理"的合作连锁商业模式（见图4-7）。通过门店众筹的方式，将股份下放给员工、高管或外部资源合作者。半天妖则提供技术、原料、物流、品牌、市场等支持，由直营管理确保经营标准的统一，最终实现双向持股的深层次合伙。

图4-7　半天妖合伙人模式

门店依据实际投资金额进行出资，其股权分配方案概述如下（这些比例仅供参考，可根据实际情况调整）：

- 总部高管团队：投资占比20%，负责统筹供应链、物流管理、人员培训及产品研发等核心软实力建设。
- 中层运营团队：投资占比30%，其中店长个人投资不少于8%，其余部分由城市经理、门店督导等中层管理者共同承担。
- 后端开发团队：投资占比亦为20%，专注于门店精准选址及商品研发等关键领域。
- 其他众筹股份：占总投资的30%，面向普通员工、供应商及服务提供商开放众筹，剩余部分由公司负责补足。

鉴于选址、门店运营者、工程管理、采购、市场营销及外部供应商等所有利益相关方均在店内持有股份，这一机制确保了团队间的紧密协作与高度积极性，从而有效提升了企业经营效率并降低了管理成本。

在此创新经营模式下，企业实现了自下而上的管理模式，全员参与，共同盈利。为了共同的事业，大家不仅全力以赴，甚至可以说是全情投入。这是因为，每位成员都成为企业的主人翁。店长亲自迎接顾客，展现出极大的热情与自信；服务员在顾客享用烤鱼及涮菜时，主动加汤，无须顾客催促；在半天妖，每位员工都保持着"热情主动""积极行动"的状态。

半天妖的合伙人模式，有效减轻了总部的财务压力，降低了扩张过程中的风险。"风险共担，合作共赢"正是这一模式的核心优势。在此模式下，员工以创业者的心态投入工作，极大地激发了每个人的积极性和创造力。

三、万店裂变策略

万店裂变的撒手锏是内加盟，即内部创业的加盟模式。它是指企业允许其内部员工（特别是店长和优秀员工）通过投资或业绩考核等方式加盟门店，成为门店的股东之一，获得门店的一定股份。

这些内部股东不仅参与门店的日常运营，还享有门店的决策权和利润分配权。这种模式打破了传统的雇佣关系，将员工与企业利益紧密捆绑在一起，形成了命运共同体。

这种策略不仅能够有效激发员工的积极性和忠诚度，还能为门店带来稳定的资金支持和人才储备。

1. 内加盟裂变

这里涉及两个关键概念：复制与裂变。复制主要是指由总部进行的行为，而裂变则不同，它允许加盟商和员工共同参与，并因此具有更快的速度，原因在于利益相关者的范围从单一的总部扩展到了包括员工和加盟商在内的更广泛群体。因此，机制的设计显得尤为关键。若机制设计得当，企业能够迅速发展壮大；若设计不当，企业可能会面临崩溃的风险。

而内加盟机制如何设计从而形成裂变？

（1）明确愿景与使命

围绕利他的初心与使命，保障股东利益最大化，全心全意为员工服务，以及向顾客提供终身服务，同时还将积极拓展并优化对加盟商的服务。例如，"帮扶3000个创富平台""赋能10000个创业者""服务千万顾客，解决其问题"等口号或使命。这不仅是企业的初心，也是企业坚守的"道"。

确立共同愿景：清晰构建并确立企业长期发展的宏伟蓝图，使加盟商和员工能够清晰地看到与企业携手共进、共同成长的未来图景。

强化使命感：进一步明确企业的核心价值和服务承诺，以此作为纽带，加强内部团结，激发员工和加盟商的强烈归属感和使命感。

以大商之道招商产业集团的文化和价值观（见图4-8）为例：

- 愿景：成为跨世纪的世界级招商产业平台。
- 使命：传承大商精神，帮助千万企业招商增长，赋能地方产业升级。
- 精神：修利他之心，行大商之道。
- 价值观：利他、诚信、正直、简单、高效。
- 客户观：客户第一，用心服务。
- 产品观：大道至简。

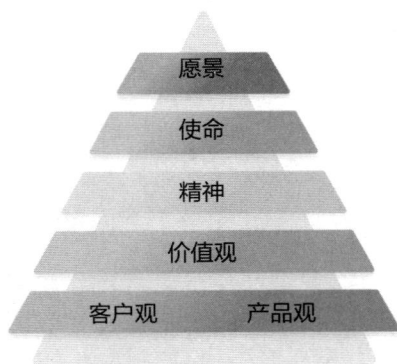

图4-8 企业文化和价值观

（2）设计职业规划与激励机制

加盟商加盟一家门店，维持三年尚可，但若想将其转变为一份事业，便需进行职业规划，即加盟商自身也需要职业规划。因为每个人都会期待自己未来进步的模样，不论是顾客、员工、加盟商还是供应商。

加盟商职业规划：应为加盟商设计一条清晰的职业规划路径，包括不同阶段的成长目标、培训资源、支持政策等，使他们能够看到自己与企业共同成长的美好未来。

激励机制：应建立一个多层次的激励机制，涵盖业绩奖励、股权激励、分红计划等，以确保加盟商和员工能够共享企业发展的成果，从而增强他们的积极性和忠诚度。

（3）招商渠道与营销策略

从广泛的招商加盟来说，很多连锁企业刚开始招商时，第一个绕不开的话题就是招商渠道，即加盟商从哪里来？加盟商可以通过线上和线下渠道了解，线上有多个媒体传播，线下有峰会论坛、展会、联盟整合等。

线上渠道：利用社交媒体、搜索引擎优化、内容营销、在线广告等多种方式，扩大品牌曝光度，吸引潜在加盟商。同时，建立官方网站和线上招商平台，提供详细的加盟信息和便捷的加盟流程。

线下渠道：组织峰会论坛、展会、路演等活动，直接面对潜在加盟商，展示企业实力和产品优势。通过联盟整合，与相关行业组织、商会等建立合作关系，拓宽招商渠道。

（4）标准化与复制能力

建立标准化体系：在商品、服务、运营等方面建立标准化体系，确保每一家门店都能提供一致的高品质体验。这有助于降低复制难度，提高复制效率。

提升复制能力：加强总部对门店的支持和管控能力，包括选址评估、店面设计、员工培训、供应链管理等方面。通过不断优化和完善复制流程，提高复制成功率。

（5）风险管理与合规性

风险评估：对加盟商进行严格的资质审核和风险评估，确保他们具备足够的经营能力和风险承受能力。同时，建立风险预警机制，及时发现并应对潜在风险。

合规经营：确保所有经营活动都符合法律法规要求，避免因违法违规行为给企业带来损失。加强知识产权保护，维护品牌形象和声誉。

（6）持续优化与迭代

收集反馈：定期收集加盟商、员工和顾客的反馈意见，了解他们的需求和期望。通过数据分析等手段，发现经营中的问题和不足。

优化迭代：根据反馈意见和市场变化，不断优化内加盟机制和各项政策。通过持续改进和创新，保持企业的竞争力和生命力。

2. 内加盟员工具备的特征

招商是企业快速裂变的一种合作方式，但很多企业忽略了，内部员工也可以是加盟商。为什么？内部员工具备了非常适合做加盟商的特征。

（1）认可企业

内部员工对企业有着深入的了解和信任，他们亲眼见证了企业的成长历程，对企业的品牌、产品和服务有着高度的认同感。他们相信企业的商业模式、市场定位以及未来发展前景，愿意将自己的职业生涯与企业紧密绑定。这种认同感使他们更愿意与企业共同成长，共享成功。

（2）认可文化价值观

他们不仅认同企业的外在表现，更深刻理解并内化企业的核心价值观。在日常工作中，他们能够自觉遵循企业的行为准则和道德规范，成为企业文化的传播者和践行者。这种文化价值观的共鸣为他们成为加盟商奠定了坚实的思想基础。

（3）有胜任的能力

内部员工经过在企业内部的工作实践，已经积累了一定的专业技能和管理经验。他们熟悉企业的运营模式、市场策略以及顾客服务流程，具备独立运营门店或项目的能力。这种胜任能力使他们能够迅速适应加盟商的角色，有效推动业务的发展。

（4）跟随企业一段时间，具备一定的启动资金

作为长期跟随企业发展的员工，他们不仅对企业有着深厚的感情，还积累了一定的个人财富能够为加盟提供必要的启动资金，使他们能够顺利启动并运营自己的门店或项目。

（5）有一定的抗压能力

在企业内部的工作中，内部员工已经习惯了面对各种挑战和压力。他们学会了如何在压力下保持冷静、分析问题并寻找解决方案。这种抗压能力使他们能够在成为加盟商后，有效应对市场竞争、运营难题等挑战，保持业务的稳定发展。

（6）有强烈的创业意愿度

内部员工在企业内部的工作中，可能已经感受到了创业的魅力和挑战。他们渴望通过自己的努力和智慧，实现更大的成功和价值。这种强烈的创业意愿度使他们更加积极地寻求成为加盟商的机会，愿意投入更多的时间和精力去推动自己的事业发展。

3. 内加盟模式的优势和亮点

内加盟模式的核心理念是共赢。在这种模式下，企业获得了供应链收益和管理费用，员工则获得了创业和管理的机会，并且能够分享门店利润和企业内部的一部分收入。这种模式激发了员工的积极性，推动了门店和企业的业绩提升，实现了企业、员工和投资者的共赢局面。

内加盟模式为企业提供了一种创新的商业经营方式，通过激发员工的创业热情和竞争动力，实现了共赢。这种模式不仅有助于企业扩大业务，还可以培养优秀的管理人才，为企业的可持续发展提供了有力支持。

（1）内加盟模式能够充分激发企业内部员工的综合能力

它通过赋予员工更多的经营责任和自主权，使他们从传统的执行者转变为经营者，从而极大地激发了他们的积极性和创造力。员工在参与内加盟的过程中，不仅能够提升自己的专业技能，还能在经营管理、市场营销等多方面得到锻炼和成长，实现个人综合能力的全面提升。这种模式还有助于发现和培养企业内部的潜在人才，为企业的长期发展储备人力资源。

（2）内加盟模式增强了门店与总部之间的黏性

在这种模式下，门店与总部之间保持着紧密的合作关系，共同分享经营成果和风险，这种利益共享的机制增强了双方的黏性。总部提供品牌支持、管理指导、供应链保障等，帮助门店提升竞争力，而门店则作为总部的延伸，积极执行经营策略，共同维护品牌形象和市场地位。这种强黏性还有助于实现信息的快速传递和资源的有效配置，提高整个企业的运营效率。

（3）内加盟模式实现门店的自我裂变

它鼓励门店在经营成功后进行复制和扩张，从而实现自我裂变。这种裂变效应能够迅速扩大企业的市场份额和品牌影响力。门店在裂变过程中，可以充分利用已有的经营经验和资源，降低新开店面的风险和成本，提高成功率。自我裂变还能够激发门店之间的良性竞争，推动整个企业不断创新和进步，形成持续发展的良性循环。

综上所述，内加盟模式作为一种创新的经营策略，为企业带来了显著的优势和亮点。通过充分激发企业内部员工的综合能力、增强门店与总部之间的黏性以及实现门店的自我裂变，它有助于企业在激烈的市场竞争中脱颖而出，实现可持续发展。

4. 设计内加盟创业机制

创造一种机制，将员工转变为合伙人，尊重并给予员工机会，包括共享企业成功的机会，这是裂变的第一步，也是裂变的核心价值观。

内部创业的裂变，不仅可以满足员工的创业欲望，还能激发企业内部活力，改善内部分配机制。喜家德、百果园、西贝等许多连锁企业已经在实践中。换个角度来看，他们的竞争优势不在于人，而在于培养人的标准和机制，以及晋升通道。

（1）员工加盟的机制

将员工转变为合伙人，需要设计一套完善的员工加盟机制。这套机制应注重选拔具备潜力、对企业有深厚认同感的员工，并通过一系列的培训和支持，帮助他们逐步成长为能够独当一面的合伙人。同时，鼓励员工积极参与企业的经营管理，让他们感受到自己的价值和归属感，从而更加努力地为企业的发展贡献力量。

此外，机制应在矛盾出现之前设立，不能等到问题发生后再进行补救。例如，如果核心员工有成为老板的愿望，这是正常的。企业需要做的是在他有这个想法之前就准备相应的制度，给予这种员工机会。一旦他提出离职创业，一切都晚了，这对企业而言将是一个不可挽回的损失。

在今天，老板的个人利益至上的观念已经失效。如何从一个老板变成大家都是老板，并且让企业在转型中平稳过渡，这是关键。

芬尼克兹总裁宗毅提供的解决传统企业困境的方法

面对传统企业的挑战，芬尼克兹总裁宗毅采取了创新和果断的行动。2005年，公司生产的泳池热泵需要关键配件——钛管换热器。按照以往的惯例，公司可能会成立一个新的车间来生产。但宗毅选择以此为契机，将所有利益相关者紧密联系起来。

第一步：激发兴趣

首先，宗毅召集了公司的六位高管开会，提议他们与公司共同出资建立一家新公司，专门生产钛管换热器。由于公司作为天使顾客，将采购新公司生产的配件并提供稳定的订单量，确保了新公司不会亏损。

第二步：策略说服

尽管投资和参股通常被视为有利可图的机会，且宗毅本人也积极推动，但六位高管对这一新事物持谨慎态度。宗毅于是寻找突破口，开始游说那些对产品和技术有深入了解的人，因为他们对市场更有信心。在他的策略说服下，最终有四位高管同意投资，新公司得以成立。

第三步：分享成果

新公司成立后的第一年，纯利润就超过了100万元。宗毅决定将一半的利润分配给股东。股东投入的5万元股本在一年后就得到了回报，这种快速的回报让股东感到非常兴奋。因此，在制定激励政策时，老板应该提供超出员工期望的回报，要么不分配，要么就比他们期望得更多。这种激励能够产生足够的动力，增强大家的信心，使得未来的裂变创业能够迅速得到响应。

因此，在裂变创业中，必须遵循一个原则：只有当所有方面都能从中获益时，组织才能平稳地进行新陈代谢。

（2）舍得分钱

内加盟机制的真正考验在于企业老板对于舍得的理解。如果一个产品能够赚取丰厚的利润，但老板认为分给高管任何一分红利都是对自身利益的损害，那么这种心态就是零和博弈。

换一个角度来看，如果员工决定离开去创业，而企业无法留住他，并且他对企业了如指掌。但现在，如果企业提供资金，给予他投资的机会，企业不仅没有损失，反而每年能够获得红利，这就是正和博弈。只有理解了出发点的不同，才能正确理解自私与取舍。

因此，创造一种新机制，将员工转变为合作伙伴是必要的。需要建立一套公平、透明的利润分配机制，确保每位合伙人都能根据自己的贡献获得相应的回报。同时，还应注重长期激励，让合伙人能够分享企业持续成长带来的长期收益。只有愿意分享利润，才能进一步激发他们的积极性和创造力。

（3）制定新的组织架构

为何需要为新加入的企业采取新的组织架构？

在已有的企业中，由于长期的经营和人员流动，可能已经形成了相对固定的利益群体。新合伙人的加入，尤其是当其理念、战略方向或利益诉求与现有利益相关者存在显著差异时，可能会引发内部冲突和阻碍。

同时，为了避免新加入的团队导致原有组织能力下降，创建一个新的组织架构是必要的。这允许新合伙人与志同道合的团队成员一起，从零开始构建企业文化和运营模式，减少不必要的利益冲突。

从长远来看，这有助于企业集中资源发展核心业务和竞争优势，确保企业能够更有效地配置资源，聚焦于最有价值的领域，从而提升整体的组织效能。

在新的组织架构下，每个员工和团队都将有更加明确的角色和责任分工。这有助于减少职能重叠、提高工作效率，并促进团队协作与沟通。通过清晰的职责划分和激励机制，企业可以激发员工的积极性和创造力。

（4）激励政策

在激励政策的制定上，应超出员工的期望，要么不分配，要么给予超出他们期望的奖励，这样的激励能够产生动力，使员工更加努力工作。未能成为合伙人的员工可能会感到羡慕嫉妒恨，但在未来推出新政策时，这将有助于树立信心，使员工响应积极。

应根据员工的工作表现、业绩成果等设定不同的奖励标准，如年终奖金、绩效奖金、股权激励等。对于核心员工或高层管理人员，可以通过年终分红的形式，将其利益与组织的长期发展紧密绑定。

（5）商学院赋能

通过建立专门的培训和教育体系，为员工提供所需的管理系统和知识技能，提升员工的整体素质和能力，帮助企业实现经营战略目标。企业商学院通常以企业文化为基础，以企业战略为核心，通过一系列合理有效的培训模式，为企业培养符合企业价值观的人才。

人才是企业成功的基石。此外，商学院不仅是成本中心，也不仅是利润中心，还具有招商功能。因此，商学院不仅可以为本企业服务，还可以为整个行业服务，打造行业商学院。通过对外收费、培养代招者、代理培训等方式，商学院的运营将更加多元化。

5. 内加盟模式案例

内加盟模式实现共赢的关键，在于总部必须具备以下能力：拥有一个完整的门店运营管理团队，以及能够输出一套可复制的门店标准化流程。此外，还需确保门店持续向总部采购，这样总部便可以在后期整合供应链，从而建立企业的核心竞争优势。

（1）海底捞师徒制模式

很多人可能认为海底捞的核心竞争力在于服务，但实际上，它的真正优势在于企业采用了裂变式内加盟的方式。

这种方式的背后是一套激励机制，让店长可以选择两种路径来获取收益。

①海底捞"传销式"师徒制。

方案一：店长获得自己门店利润的2.8%。

店长只需管理好自己的门店，无须培养新店，即可获得门店利润的2.8%。

方案二：店长获得自己门店利润的0.4%，徒弟门店利润的3.1%，徒孙门店利润的1.5%。

店长除了管理好自己的门店，还需培养徒弟门店，并通过徒弟门店培养孙子门店。每培养一个徒弟门店，店长可获得该门店3.1%的利润；每培养一个孙子门店，店长可获得该门店1.5%的利润。

优势：

- 双向约束。只有当师父的门店达到标准后，才能在徒弟和徒孙门店中获得全额分红。
- 晋升机制。只有当师父及其徒弟和徒孙的门店总数超过5个时，师父才有资格晋升为区域经理。
- 共同盈利。从单一门店经营转变为团队经营，相互提供策略支持，降低总部的管理难度。

该机制的核心在于，师父的门店必须达到一定标准，才能在徒弟门店中获得全额分红。当师父及其徒弟和徒孙的门店总数超过5个时，师父便有机会晋升为区域经理，这正是门店裂变的魅力所在。

②销售团队师徒制。

双向选择：一个师父可以同时有多个徒弟，每年有一次互相自由选择的机会。

师父带徒弟有两层收入：

- 徒弟新增月销售提成的20%归师父。
- 公司每个月额外发管理奖金给师父，鼓励师父培养人才。

（2）百果园内加盟模式

仅有20平方米的水果店，在全国连开4000多家，注册会员超过7000万人，年营业收入突破200亿元，成为当前水果行业的领军企业（见图4-9）。

让我们探究他们的分工方式。

①投资比例。

每家门店由三方投资：负责片区门店管理的片区管理者，投资17%；负责门店选址的大区加盟商，投资3%；负责门店日常经营的店长，投资80%。百果园总部则负责系统管理、运营、人才输出、品牌运营、人员培养及培训等工作。总部不出资，不占股份，不收取加盟费，也不从商品差价中获利。

② 分红比例。

总部不出资，但承担新门店三年内的亏损，并从门店每年的利润中提取30%，其余70%按照投资比例分配给合伙股东。若亏损超过三年，总部将评估是否关闭门店。这意味着，若门店未盈利，总部同样无利可图；若门店盈利，则需向总部支付30%的管理费。

③ 人才裂变。

百果园建立了自己的人才成长通道：员工—店长—片区管理者—大区经理。

百果园对店长有一项硬性要求，即每年必须培养一名新店长。新店长接管老店长的门店后，老店长在新店享有10%的分红权，这一机制直接解决了人才培养和门店招商的问题。

④ 退出机制。

例如，某人投资30万元开设一家门店，该门店经营良好，但他晋升或离职，需要退出。此时，他将获得一次性三倍的投资收益补偿，即90万元。总部将回购其股权，然后转卖给新店长。

这套合伙人制的出现，打破了传统加盟模式和直营模式的局限，迅速构建了一支具有强烈团队凝聚力的队伍。这使得百果园的日销售额同比增长近20%，月利润增长超过50%，片区经理的收入增长了240%。

凭借这一机制，百果园在七年内实现了从亏损到盈利的转变，门店数量增至4600家，年盈利达到120亿元，成为各行业学习的典范。

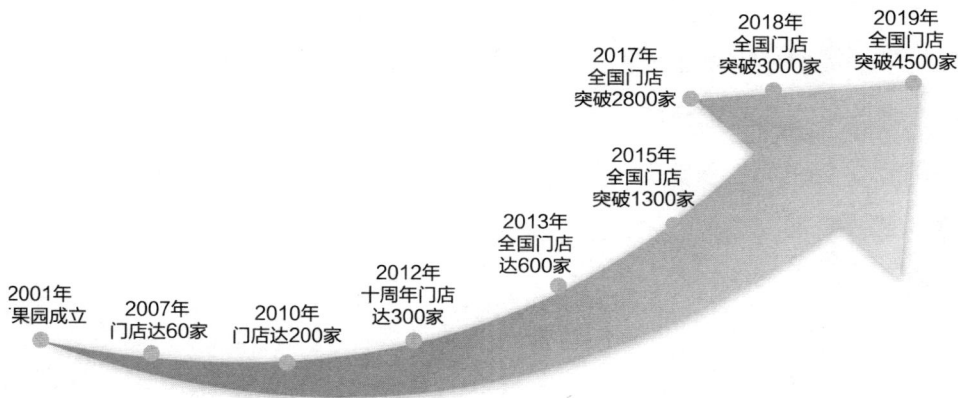

图4-9　百果园内加盟模式

（3）韩都衣舍自创业模式

在短短六年的时间里，韩都衣舍将营业额从20万元提升至15亿元。其商品的售罄率高达98%，并连续七年保持全网销量第一的位置。

简而言之，韩都衣舍的成功秘诀在于采用了一套经过验证有效的合伙人模式。公司不依赖于平台的固定收入，而是将自己转型为一个赋能平台，以此实现快速的裂变和财富的增长。

①实行小组自由组合模式，搅动巨大动力。

韩都衣舍起初仅是一家小型淘宝店，启动资金不足18万元。最初，它与其他传统服装公司并无明显区别，公司内设有客服部、销售部、生产部、采购部、设计部等多个部门，但这些部门之间各自独立运作，效率并不高。

这种传统的组织架构缺乏活力，带来了不少问题。一旦业绩下滑，各部门之间往往会相互推诿责任。面对这种情况，当时的老板赵迎光采取了一项策略：他首先前往韩国洽谈了200多个服装小品牌的代理权，随后又到学校招募了一批学习服装设计和韩语的学生。

赵迎光对学生表示，他们的目标不是做代购，而是要打造自己的服装品牌。他鼓励学生不要将自己仅视为普通员工，而是公司的创业者。他承诺为学生提供启动资金和商品，而销售和运营的具体事务则由学生自行负责，利润则按照三七分账的方式分配。这一决策使得韩都衣舍开始以小组为单位，自由组合，形成了内部平台。每个小组由3~10人组成，成员包括美工、销售、客服、设计师、文员等不同岗位，形成了一个小型的创业公司。

②小组自由裂变，实现新陈代谢。

在小组成立后，韩都衣舍为每个小组提供10万元作为启动资金，以支持他们在网上开设自己的小店。随后，每个小组需要从之前代理的200多个小品牌中挑选合适的服装，并通过自行定价、销售和运营进行销售。销售所得的营业额的70%将作为下次进货的额度。例如，如果一个小组销售额达到10万元，下次进货的额度将是7万元；如果销售额为3万元，下次进货的额度则为2.1万元。不论业绩如何，公司仅收取30%的利润，其余70%的利润由小组内部分配。

如果某个小组持续亏损，韩都衣舍会提供二次创业的机会。亏损的团队将被解散，原组员可以加入其他小组，重新形成利益共同体。这种管理模式下，每个小组的责权利下放，使得小组成员能够自主决定生产细节和分配责任。小组只需对销售目标、库存周转和毛利率负责，而利益分配也是以小组为单位进行。

通过这种模式，员工的积极性得到了极大的提升，因为他们都是在为自己的事业奋斗。

此外，韩都衣舍不仅在内部为每个小组开放资源和权利，还与外部合作方共享资源，增强合作商的业绩能力，实现共同盈利。这一系列策略的实施，使得韩都衣舍的业绩迅速增长，每个小组成员为了赚取更多收入而努力工作，最终使韩都衣舍成为中国最大的互联网品牌生态运营集团。

（4）喜家德内部358模式

喜家德坚持直营模式，未开展加盟业务，目前在全国40多个城市拥有超过600家直营门店，员工总数超过8000人。其能够迅速扩张，很大程度上得益于其358模式。

358模式有效解决了连锁企业在扩张过程中人才短缺和人才素质不达标的问题，同时平衡了店长与新店长之间的利益关系，并设定了明确的激励机制，旨在让优秀人才获得更多回报。

- 3%：表现优异的喜家德店长可以免费获得3%的股份。
- 5%：店长成功培养一名新店长后，可成为小区经理，并在新开门店中投资入股5%。
- 8%：店长培养出5名新店长后，可成为区域经理，并在新开区域门店中投资入股8%。
- 20%：具备独立经营管理能力的店长可成为片区经理，并在新开门店中获得投资20%的权利。

若新培养的店长无处安排，喜家德还有以下机制：

- 开发合伙人负责寻找门店、选址、装修，无须参与门店运营，可入股门店5%。
- 运营合伙人负责门店经营管理，需通过公司总部的培训和考核，最高可入股32%，且公司将公开共享财务信息。

喜家德通过内部培养店长及门店合伙人，并打通晋升通道，如店长—区店长—区域店长等。

在这一模式下，员工可通过"老带新"的方式接受综合性培训，并将经验总结成可复制的手册或PPT。经过一段时间的培养，这些内部孵化的"老板"将具备开店和综合管理能力，结合总部的标准化输出，确保整个机制和体系能够高效运转。

体验的中心

体验比物质更有价值。

——佚名

永不落幕的体验

超级门店的第一个特征是成为体验的中心。品牌方若想将门店升级为超级门店，首先必须将门店打造成体验的中心。

当谈及体验时，一些人可能会认为这是"花哨而不切实际"的，似乎体验是门店的一种奢侈。然而，亲身体验后就会发现，体验本身是一件非常美好的事情，顾客也会有同样的感受。

以我个人的亲身经历为例，我曾在北京体验过一家以汉文化为背景的沉浸式"宫宴"主题餐厅。顾客可以换上汉服，在观看表演的同时用餐。从进门到离开，整个过程充满了仙气和仪式感，仿佛穿越了千年去参加一场宫廷盛宴，令人难以忘怀。

为何我们很少讨论体验？

首先是由于损失厌恶的心理。损失厌恶是一个心理学术语，意味着与同等强度的快乐和获得相比，痛苦和失去更能给人留下深刻印象，引起更强烈的心理反应。

因此，人们本能地更害怕失去，更害怕负面结果。许多老板不敢尝试体验改造，担心投入大量资金和空间后，最终却只得到一个好看而不实用的亏损局面。毕竟，在经营中，每一个动作都伴随着成本，我们已经进行过太多无效的动作，浪费了太多成本。而涉及"空间、场地"的体验改造，往往需要大规模的投入。

其次是对体验的了解不足。实用心理学指出，无知是不安感的根源，恐惧来自于内在的无知。例如，在非典时期，许多人抢购板蓝根，将其价格从几元一包炒至50元一包。最终，经专业医生辟谣，人们才意识到板蓝根对非典的治疗和预防并没有太大作用。还有抢盐、抢连花清瘟等事件。人们对不确定的事物感到忧虑；对无法把握的事物感到害怕；仅此而已。

因此，企业若想将门店打造成为体验的中心，首先需要从思维上进行改变，正如王阳明所说，要破除内心的障碍，"欲成大事，先破心贼"。

超级门店破心贼：消除对体验一知半解带来的不安，系统地认识体验。

在本书中，我将用四个独立的章节来阐述超级门店的一个特征。本章是第一个特征——体验的中心。在后续的三个特征讲解中，每个章节的开篇都将是破心贼，以此作为认知的起点，明确意义，提升高度。意义单纯，影响深远，要改变它，首先要认识它。

一、认识跨越古今的体验

品牌方谈论体验似乎是一种新趋势，但"体验"本身并不是一个现代概念。

在中国古典文献中，可以找到"体验"一词的多处引用。《淮南子·氾论训》中提到"故圣人以身体之"，朱熹曾说："讲论自是讲论，须是将来自体验……体验是自心里暗自讲量一次。"王阳明也提到："皆是就文义上解释，牵附以求，混融凑泊，而不曾就自己实工夫上体验。"在西方，据说"体验"一词最早见于古希腊的哲学领域。

体验的含义其实很简单，这一概念由来已久，自人类诞生以来就伴随着人类，成为人类认识世界、改造世界的重要方法。尤其在教育与哲学领域，体验思维贯穿了整个历史。古代的教育家、思想家都以自己的远见卓识提出过蕴含体验式学习思想的教学观。哲学领域也是如此，自从希腊哲学以来，随着体验主义哲学思潮的发展，体验哲学逐渐进入实验心理学领域，并成为心理学研究的热点。

"体验"一词不能仅从字面上理解，它有三种解释：查核，考察；通过亲身实践所获得的经验；亲身经历，实地领会。本书所讨论的体验，不仅包括身体上的实践体验，还包括精神上的心领神会，不是孤立的解释，而是整体的理解，是讲求配合的，具有纵深感。

体验既是经历也是经验，既是过程也是结果，既是体会也是领会，既是体验也是察验。

二、体验闯入营销世界

体验最初在教育学和心理学领域流行，随后逐渐渗透到各个学科和领域，开始全面扩展，包括经济、管理、营销、设计等。

超级门店体验的中心，体现了体验在营销领域的应用，也称为体验营销。体验营销的定义是：通过观察、聆听、使用、参与等手段，充分激发和调动顾客的感官、情感、思考、行动、关联等感性与理性因素，重新定义和设计的一种营销思考方式。

自1998年起，美国学者约瑟夫·派恩和詹姆斯·吉尔摩提出"体验经济时代已经来临"的观点后，"体验经济"便进入了营销领域。从那时起，体验不仅是一种营销策略，也是一种产品战略，甚至是一种生产力。有些人仅通过提供体验来销售产品，而有些人销售的本身就是体验。

2006年6月，海尔集团在全国范围内的上百个城市、上千个卖场开展了一项体验活动——展示无须洗衣粉的洗衣机，让顾客现场体验洗衣过程。为了进一步提升活动效果，海尔集团随后推出了30天体验活动，即顾客购买这种洗衣机后，可以带回家体验30天，如不满意可退货。早在18年前，海尔就开始运用体验营销。

2023年中国建博会期间，海尔洗衣机推出了最AI阳台节活动，并同步开展多种线下体验活动，如"洗被子""烘被子"。至今，海尔仍在进行体验营销。

这说明了什么？这说明体验营销在中国企业中的应用极不均衡，仍有许多企业处于不了解或虽了解但认识不足的阶段；体验和体验营销正在系统性地成为趋势。

三、品牌方的体验之痛

众多品牌方都在尝试体验式经营，毕竟这种高端的经营方式是不可或缺的。然而，效果并不理想，甚至越发令人沮丧。

问题出在哪里？品牌方在设计体验时常常落入三个误区。

1. 盲目跟风

即不考虑自身实际情况，盲目追求体验。一方面，体验设计需要根据门店的位置、面积、品牌定位进行量身定制，盲目模仿只会适得其反。另一方面，服务是体验的外在表现，而资源、人脉、模式才是体验的内在核心。超级门店的四大特征相互关联，只有整体协调，才能相互促进，共同提升。

2. 虚假体验

许多品牌方在体验活动中带有明显推销商品和服务的目的，这是对体验本质的误解。这种以推销为目的的体验是虚假的。不真诚的动机往往导致体验的敷衍，这不仅无助于销售增长，还会损害品牌声誉。体验的真正目的是建立顾客的长期价值，从而吸引持续的客流。换言之，任何不以长期价值为目标的体验都是名不副实的，也就难怪顾客不会买账。

3. 体验形式单一

目前，许多品牌方在体验设计上过于简单，尤其是美容美体行业的品牌方，他们的体验往往仅限于销售和促销活动，要么将体验简单化为试用产品，要么提供标准化的皮肤护理服务。这种单一且不到位的体验无法吸引顾客，反而可能"宠坏"顾客，让他们认为这是基本服务，如果没有这些服务，他们就不会再次光临。

还有一些门店在体验设计上完全是自欺欺人，浪费了体验这一零售工具的潜力，仅仅提供一些沙发、糖果、书籍和咖啡厅等设施。

那么，体验究竟应该如何设计？经过深入思考和总结，我提出了超级门店的四重体验理念，这不仅是门店打造体验中心的基础逻辑，也是品牌方可以遵循的路径指南。

四、超级门店四重体验

1. 感觉体验

体验通常指的是形态、声音、气味、味道和触感，即感官体验，对应于顾客则是视觉、听觉、嗅觉、味觉和触觉。

视觉体验涉及门店的装修设计、商品陈列与包装、空间布局等。一家超级门店应当能够在顾客一眼望去时就被识别出来，并留下深刻印象。听觉体验则包括门店播放的音乐和各种声音。例如，进入优衣库时会听到"欢迎来到优衣库"的问候语，或者摩托罗拉手机开机时的"Hello，Moto"，这些声音能够在人的脑海中留下深刻印象。嗅觉体验与气味相关，如希尔顿酒店就以其独特的香味而具有很高的辨识度。味觉体验是指门店提供的餐食和饮料，有些顾客对此非常青睐。触觉体验则关乎材质，如沙发、茶几、商品材料等，顾客通过触摸来感受。

2. 交付体验

超级门店的交付体验可被理解为产品的使用感受和互动性。使用感受可以通过产品设计的交互性来理解，从用户界面设计到功能设计再到操作流程，这些因素都会显著影响产品的交付体验。同样，对于超级门店而言，从产品设计到生产，再到销售以及顾客的购买和使用，整个流程中的体验感极为关键。

交付体验首先强调的是易用性，即在设计时要为顾客简化操作，而非制造困难和麻烦。例如，一些应用程序的使用功能隐藏得很深，顾客需要花费大量时间寻找，难以便捷使用。同样，一些门店的产品陈列缺乏条理，导致顾客在寻找产品时感到厌烦。此外，交付体验还应追求趣味性，如可口可乐的瓶身包装设计，能够给顾客带来惊喜，例如，通过拉动瓶身上的包装可以展开成一朵花。

互动性指的是利用高科技手段实现信息的互动。例如，通过电脑屏幕、机器人屏幕以及二维码等方式，顾客可以与品牌或产品进行互动。

3. 情感体验

情感体验旨在塑造顾客心理上的五感：尊重感、安全感、高贵感、舒适感和愉悦感。通常，情感体验通过服务、特权和仪式感来构建。仪式感尤其重要，从吸引新顾客到维护现有顾客，每个阶段都有多种有效的方法。例如，在会员维护方面，可以在会员孩子的生日时精心准备礼物，或在会员的本命年为其准备红色的礼物，如袜子、定制钥匙挂件、定制摆件等，这些举措很容易打动顾客。

日本代官山的茑屋书店，选择在高档生活区开设，并通过无处不在的落地窗和T字形的外观设计，营造出一种城市森林的氛围，为顾客提供了超出预期的精神体验，因此被誉为亚洲最昂贵的书店之一。

北京有一家高端瑜伽馆，会详细记录每位私人教练会员喜欢的香味。每次会员到访前，瑜伽馆都会提前开启香薰，将服务做到个性化的嗅觉体验，使得顾客很难不产生特别的情感。

4. 意识体验

意识是瞬间的觉知和觉察，代表着心理活动和意识活动对特定对象的指向和集中。它是超越感觉的知觉，是超越经历的经验。意识体验涉及知识、理性、觉知、积极关注、活在当下以及精神聚焦，它是超级门店四重体验中最为高级的一种。

这四重体验由表及里，由浅入深，从易到难，层层递进，是一个不可分割的整体。一些门店尽管在进行体验设计，但效果并不理想，原因在于体验的层次过于浅显。它们可能仅仅停留在感官体验上，投入大量资金以打造顾客的知觉体验；或者只重视交付体验，而忽视了知觉体验的构建；又或者知觉体验和交付体验都尚可，但未能提供与顾客情感体验相匹配的服务，导致体验感总是差了关键的一步，无法达到沸腾点。

因此，要实现真正的体验感，就需要在这四重体验上都下足功夫，确保每一层次都得到充分的关注和实施。

五、消费升级的好方向

体验是消费升级的一种。它虽不是唯一的方式，却是极为重要的方式。

例如，通过私人定制，给予顾客个性化体验，典型案例是青岛红领。

青岛红领——个性化大规模定制模式新体验

2014年5月和8月，中央电视台的《新闻联播》节目两次报道了青岛红领品牌的C2M个性化定制模式，使青岛红领迅速走红，并在各行业引发了学习热潮。

走红的原因是什么？当其他服装品牌仍在进行大规模成衣生产时，青岛红领已经实现了西服的个性化定制，走在了行业的前列。这意味着顾客可以根据个人偏好，定制专属的西服。

青岛红领是如何做到的？

- 量体。顾客可以前往青岛红领的加盟门店进行量体，或者预约量体师傅上门服务。

- 下单。通过APP，顾客可以对面料、款式、肩型、里料、纽扣等100多个细节进行个性化选择。

接下来包括人工审核、制作电子标签、自动裁剪布料、工人在线生产、个性化加工、经过25个环节的质检、成品上挂和交付等一系列流程。

青岛红领利用互联网技术将顾客、生产者和设计者直接相连，实现了从单件起订的个性化定制服务，并将传统服装定制生产周期从20~50个工作日缩短至7个工作日内。

与传统的大规模制造成衣相比，青岛红领的大规模定制模式具有许多优势。例如，省去了中间环节，使顾客可以直接与生产者沟通；因为提供私人定制，所以西服更加合身；没有库存积压，因为每一件进入生产流程的衣服都已有了买家。

我们常说的红领模式，就是指通过互联网向顾客提供量身定制服务的模式。

另一个例子是通过沉浸式购物场景，为顾客提供更多的情感价值，典型案例是良品铺子。

良品铺子不走寻常路，打造超 1200 平方米的全国最大门店

2023年7月28日，拥有全渠道8000万个会员、线下门店超过3000家的良品铺子，在武汉开设了一家1200平方米的旗舰店。

这家旗舰店被设计成11大板块，包括零食王国板块、国际零食板块、咖啡休息板块、儿童板块、体验打卡板块等。门店根据人群细分为儿童零食区、成人零食区、拍照打卡区。为了更深入地打动顾客，良品铺子还从顾客的需求出发，按照控糖、控脂等健康生活方式进行了进一步的细分。

据悉，这一设计理念源自绿洲和板块运动的灵感，创造了"零食漂移"的概念，旨在全方位打造顾客的逛、购、休、玩一体化购物体验。

在这个零食王国中，无论是家庭主妇、孕妇、精英男士、大学生、银发族群、企业采购人员，还是中小企业主，都能轻松找到适合自己的区域。

虽然个性化定制和开设1200平方米的门店存在一定风险，但通过提供体验来实现品牌升级无疑是一条正确的道路。体验是人类与生俱来的能力和永恒追求，它历史悠久，并将永远持续下去。

六大更新全方位打造"体验的中心"

破掉心贼后就是系统改造了。打造"体验的中心"的核心是系统改造。我将超级门店"体验的中心"的系统改造，称为"体验的中心"的六大更新。

- 更新电视，滚动宣传商品、品牌优势。
- 更新服务，收获顾客芳心，为商品做铺垫。
- 更新场景，打造沉浸式体验。
- 更新商品，放大消费价值。
- 更新竞品，以他人凸显自己。
- 更新店员，制造信息传递。

一、更新电视

更新电视是指在门店内安装电视，并通过电视进行循环播放宣传，以此持续为门店发声。商品的优点和品牌的优势若不经宣传，将无人知晓；即便宣传了，若次数不够，人们也可能不会有深刻印象。宣传的本质在于重复，需要不断地向公众展示门店的优势和特色，通过多种媒介——音频、视频、图文——来传达信息，并且要在不同时间段——饭前、饭后甚至用餐时——进行宣传。门店电视非常适合实现这一宣传需求。

更新电视怎么做？

1. 内容根据营销需求来定

我总结了门店电视的十大常规内容，在实施时门店可以根据自己行业情况、营销需求、品牌特色来组合制造、宣传。

- 媒体报道，打造公信力，制造顾客信任。
- 创业背景，传播经营理念，树立价值认同。
- 品牌故事，讲清品牌定位，表达品牌情怀。
- 商品故事，展示商品匠心，赋予情感价值。

- 原料产地，宣传来源稀缺，彰显卓越品质。
- 生产工艺和理论技术，用专业技术、工艺为商品赋能。
- 顾客案例，用案例见证，营销顾客于无形。
- 新品、爆款、套餐推荐，营造主题营销，减少顾客选择成本。
- 使用、食用方法，赋能顾客，树立专业性。
- 后厨直播，打造透明厨房，安全可信赖。

西贝莜面村怎么展示食材

羊肉来自草原羊，草原羊终年自然放养，与野生动物吃一样的草，喝一样的水，呼吸一样的空气，晒一样的太阳。

牛肉来自天然草原——内蒙古科尔沁草原。从出生起，每一头科尔沁牛都有自己的身份证，所有信息均被动态记录。每一块科尔沁牛肉都可以溯源身份及族群信息。

五谷杂粮，高原上的五谷杂粮都是春天撒种、秋天收获，完全是人种天养。苛刻的自然条件下，土种的五谷杂粮低产、稀有。例如荞麦，当地老乡常讲："种一坡、收一车、打一筐箩、煮一锅。"

通过电视轮播，让食材来源看得见，用天然食材告诉顾客西贝莜面村的安全健康，然后在具体烹调时，少盐少油，无味精无添加剂，表达西贝莜面村就是顾客的家庭厨房，小宝宝都可以闭着眼睛吃。

奈雪的茶如何讲品牌故事

奈雪的茶在推出秋日限定新品"霸气好柿鲜果茶"时，通过一个短片，讲述了一个温情质感的亲情故事。用创意的内容，打造出了秋天的专属仪式感，为大众顾客带来独特的情感化消费体验。

这个短片名为《柿柿如意》，联名国画艺术家李知弥，以"十月柿日，好柿发生"为主题，借新茶饮为载体传递故土思乡、温暖亲情的人文情怀。

幼时，柿子是爷爷给孙女的甜蜜祝福。走出大山后，孙女才明白柿子是祖孙间绵绵不断的思念与挥之不去的思乡情。

这一充满艺术感的短片，让霸气好柿鲜果茶瞬间格调拉满，内涵提升，令人充满憧憬，变成了一杯充满思乡情、治愈城市游子心、饱含故乡秋味的承载。

"霸气好柿鲜果茶"与其说卖的是茶，不如说卖的是情怀。与其说解的是馋，不如说解的是心，治愈顾客的心，叫人忍不住一尝滋味。

有兴趣的读者，可以上网自行搜索、查看、学习。

触类旁通，各个行业门店都可以将自己的优势、卖点用挂式电视，在门店这个天然的营销环境里，没日没夜地播放，这既是宣传，也是势能营造，还能减少店员工作，打造高效门店，降本增效。

2. 数量根据门店面积设定

门店电视的数量不应随意决定，而应根据空间大小来合理安排。门店电视的布置不能像监控摄像头那样追求360度无死角的覆盖，但要确保宣传效果的最大化。根据相关抽查数据，喜家德一家100平方米的门店配备了4台电视，海底捞一家800平方米的门店配备了5台电视，西贝莜面村一家300平方米的门店则装配了10台电视。

因此，在决定门店应布置多少台电视时，企业可以采取以下方法：首先，企业应将自己置于顾客的角度，实地体验门店环境，并根据体验进行微调；其次，企业也可以直接向顾客寻求意见，让实际使用者告诉他们最佳答案。

二、更新服务

服务是最无痕的营销，也是最有效的成交。服务可以简单分为两种。

1. 基础服务

基础服务就是常规服务。常规服务可以对标胖东来。

胖东来极致服务

①500元服务投诉奖。在超市显眼处，胖东来用红色加粗的大字明确打出：如果您对我们哪位员工的服务不满意，请拨打值班经理电话，到总服务台领取500元投诉奖。

②婴儿哺乳室。不是随便应付，而是比航空公司头等舱的母婴室还豪华、还宽敞。

③儿童卫生间。成年人便池、洗手台高度儿童够不着，所以胖东来专门为儿童进行了设计。

④免费公共电话。老年人、小朋友找不到父母怎么办？手机没电怎么办？胖东来有免费公共电话。

⑤爱心轮椅。老年人购物太累怎么办？不怕，胖东来有爱心轮椅。

⑥儿童推车。儿童也想购物怎么办？不怕，胖东来有儿童推车。

⑦货架上放大镜。有些商标太小或老年人看不清？不怕，胖东来准备了放大镜。

⑧去车站接顾客。胖东来的服务员携带轮椅走出店门，前往车站迎接老年顾客。

⑨套坐垫。下雨下雪时，服务员走出去，用塑料袋把顾客自行车、电瓶车坐垫套上，防止被浇湿。

胖东来还提供了很多令人感动的服务，如免费的充电宝、雨伞、打包台、报刊阅览栏、中药煎煮服务，以及服装的免费熨烫和修补等，其服务水平被网友认为甚至超过了海底捞。值得注意的是，胖东来仅仅是河南三、四线城市的连锁超市品牌。

胖东来的例子向我们展示了一个道理：基础服务只是基本要求，而极致服务才能成为制胜的法宝。人心都是肉长的，像胖东来这样提供服务，顾客很难不为之动心。如何实现极致服务？需要在宏观上规划，在微观上执行。极致服务并不是宏大的构想或了不起的创新，它常常隐藏在细节之中。要在细节上下功夫，因为往往最能打动人心的，是那些看似微不足道的地方，小动作却能带来大感动。

经济学中有一个墨菲定律：即便是概率极小的事件，也有可能发生。这条定律提醒人们不要心存侥幸。在服务行业中，也有类似的墨菲定律：如果有1%的可能性被顾客看到，那么几乎可以肯定顾客会看到。

因此，在提供极致服务时绝不能抱有侥幸心理。例如，不要以为犄角旮旯的卫生问题不影响整体形象，顾客基本不会注意到；不要以为厕所地面的水渍不重要，因为前厅服务已经做得很好；不要以为桌布上的破洞或污渍无关紧要，顾客不会发现。实际上，顾客往往会注意到这些细节，因为它们并非微不足道，而是太过显眼。

2. 铺垫服务

铺垫服务是指为后续推出的商品提前布局。门店计划推广的新品或主打商品，都应在服务中提前进行铺垫。

即将销售的沙棘汁的铺垫服务

- 菜品的包装应先吸引眼球，再以有趣的灵魂打动人心，因为第一印象极为关键。
- 设计精美的门店推广海报，方便顾客轻松获取新品信息。

- 在餐桌台卡上印制模糊的图片，鼓励顾客猜测菜品，猜对即可免费体验。

- 通过宣传折页介绍沙棘汁，并将其置于餐桌上，让顾客在等待上菜时既能打发时间，又能对产品产生兴趣。

- 每桌提供限量的免费沙棘汁体验，如每桌限2瓶，以此结合宣传和制造稀缺感。

- 通过电视播放沙棘的生长过程、酿造工艺和商品故事，强调原料的天然属性、工艺的专业性，以引起大众共鸣。

- 鼓励顾客参与门店的游戏活动，如猜谜语、对诗句、石头剪刀布等，这些活动不仅宣传了商品，还为顾客提供了情感价值。

- 推出特殊玩法的免费体验，如通过朋友圈分享或集赞，以实现朋友圈内的传播效应。

- 定期举办新品品鉴会，为顾客提供消费的理由，激发复购欲望，增强顾客的忠诚度。

这些举措都是为了为后端商品做好铺垫。如果铺垫工作做得好，成交就会水到渠成；反之，如果铺垫工作做得不好，无论怎样强迫顾客，他们都可能不会购买，甚至可能导致顾客从此不再光顾。

服务是实体门店固有的优势，因此必须加大力度来提升服务水平，将这一优势转化为门店的亮点和销售点。服务应如何执行？需要用心、富有创意并带着愉悦的心情去提供服务，避免让服务变成负担，而应让其成为营销的有效工具。

此外，优质的服务应当将服务与营销相结合，服务与宣传相辅相成。借鉴沙棘汁的铺垫服务思路，可以考虑如果门店要推出新品，如何进行服务铺垫，使之既有趣又有效。

三、更新场景

场景的打造即主题的塑造，而主题则意味着特色。不必担心缺乏主题，因为场景主题丰富多样，总有一款适合你的门店，如环保、科技、海底世界、梦幻童话、异域风情、艺术、简约、朴素等。本节将重点介绍三种场景。

1. 反差场景

反差场景的典型例子是卫龙辣条。卫龙的线下旗舰店将辣条的展示方式模仿苹果体验店的手机展示，使用玻璃展柜陈列，展现出一种奢华感。在电商平台的商品宣传页面设计上，卫龙也极力模仿苹果的简约、科技、现代风格，将5元钱的辣条打造出5000元苹果产品的视觉效果。网友戏称，卫龙开设的不是辣条店，而是"苹果"店。

2. 怀旧场景

怀旧场景的代表是文和友。文和友打造的是80年代的怀旧生活空间，给人一种穿越时空的感觉。顾客在文和友消费的不仅仅是食物，更是环境和回忆。

3. 猎奇场景

沈阳有一家烤肉餐厅，采用监狱主题风格。餐厅门口有两排大字："真爱自由，远离犯罪"；楼梯处有一句有意思的话："可狱不可囚"。进入餐厅，满眼都是金属风格，餐桌被铁栏杆围绕，栏杆上挂着铁链。这样的场景是否吸引你想去体验？是否激发你拍照并分享到朋友圈？

从这三种场景中不难看出，场景更新的核心在于视觉冲击和空间碰撞。通过引人注目的视觉效果，吸引网红、年轻人、中年人等不同年龄段的人群前来打卡，实现门店的自我传播，吸引客流。

你的门店是否拥有这样的场景？如果你的门店仍然平淡无奇，仍然遵循传统思维进行运营，那么你可能已经输在了起跑线上。

四、更新商品

更新商品的关键在于塑造商品的三感：使用的仪式感、配送的特殊感和包装的炫耀感。这三种感觉是构建商品体验和激发商品自发传播的三个核心策略。只有三感合一的商品，才能被称为真正有灵魂的商品。

以往的商品仅注重功能的实现，而当今的商品则更强调娱乐和情感的传递。

1. 商品使用的仪式感

仪式是一系列具有特定规律或顺序、区别于日常活动并具有象征意义的活动，其表现形式包括流程、动作、音乐、舞蹈、典礼等。而仪式感则是由这些仪式所带来的体验与感受。

以品茶为例，包括焚香、更衣、打坐、醒茶、洗茶、煮水、烹茶、品茶等一系列步骤。对于外行人来说，这些步骤可能显得烦琐，感受到的只是茶水的苦涩；而对于内行人而言，则是一种享受，他们品味的是茶的淡然，是修身养性的过程。

再以红酒为例，普通人饮酒追求的是醉意，但对法国人来说，从开瓶的那一刻起，整个过程都充满了浪漫和仪式感。

又如过年祭祖的仪式，包括供品、烧纸、焚香、磕头、放鞭炮等环节。

仪式感能够增强人们对生活的控制感，建立心灵上的归属感和认同感，帮助人们创造幸福感和生活的意义。我们对于生活的敬畏、虔诚以及幸福感，往往都蕴含在仪式之中。

生活中需要有仪式感，同样地，商品也需要有仪式感。

商品使用的仪式感，是指通过仪式让顾客在商品使用过程中获得独特的体验，从而迅速建立起顾客的身份认同感和归属感，使商品与顾客之间形成紧密的联系。例如，西安的摔碗酒就是通过仪式感而广受欢迎的例子，游客们所体验的不仅仅是酒本身，更是一种英雄壮志的情怀。

靠仪式感出圈的熊猫不走蛋糕

在竞争激烈的烘焙市场中，熊猫不走蛋糕凭借其独特的仪式感突围而出。当顾客生日来临时，选择熊猫不走蛋糕，品牌方会安排"熊猫人"亲自送货上门，并根据顾客的个人喜好，提供唱歌、跳舞、滑稽表演、角色扮演等个性化服务。他们甚至能从"点子库"中调取方案，帮助顾客完整地规划一场生日派对。

这种服务方式是否有其价值？两组数据揭示了答案。熊猫不走蛋糕的一位高管曾公开表示，其品牌的生日聚会现场拍照分享率超过了100%，而复购率则达到了70%以上。

仪式感的营造能够加深顾客对商品的体验，使得商品不仅仅是一次性消费，还能够展现出更大的潜力。商品的仪式感越丰富、细致和讲究，其给予人的感觉就越显得珍贵，使用后留下的印象也就越深刻。反之，如果缺乏仪式感，顾客的体验就会像猪八戒吃人参果一样，匆忙吞下而不知其味，商品用完即被遗忘。

商品的仪式感并非与生俱来，而是需要品牌方主动去创造、挖掘、打造和宣传。例如，品牌可以制作视频，并将其嵌入商品包装上，顾客通过扫描二维码即可观看，按照视频指导使用商品，然后通过全媒体进行宣传。这样，顾客就会自发地分享，帮助品牌实现商品的自发传播。火爆的第一步，是品牌自己点燃的。

商品使用的仪式感虽然源于商品本身，但最终服务于顾客，旨在鼓励顾客模仿、分享和传承。

2. 商品配送的特殊感

商品配送的特殊感是在配送环节为商品体验增加附加价值。例如，熊猫不走蛋糕的工作人员会穿着熊猫服装进行配送，或者像"叫个鸭子"那样，由帅哥服务员开着跑车配送烤鸭。

我曾为一家洗车服务企业进行招商策划。当被问及如何打造商品配送的特殊感时，我指出，洗车服务最具代表性的元素是水龙头。而最能体现这一元素的动物器官是大象的鼻子。因此，我建议他们在上门洗车服务时，工作人员可以穿上印有大象图案的特色工作服，特别是要突出大象鼻子的设计。

事实证明，当工作人员穿着这种工作服上门服务时，顾客感到非常新鲜，纷纷用手机录制视频，并配上文案分享到朋友圈，例如"今天我请大象给我洗车"，或者"今天我请动物园的大象园长来给我洗车"。这就是配送特殊感所带来的效应。

配送环节是商品的"最后一公里"，也是物流过程的最终阶段，对于许多商品来说，这是唯一直接与顾客面对面接触的机会。一些企业认为，既然交易已经完成，配送就无关紧要，这种观点既肤浅又愚蠢。实际上，这是创造独特顾客体验、发挥关键作用的环节。

经济学中的峰终定律指出，顾客记忆中最深刻的环节有两个：体验的高峰和结尾。如果这两个环节给顾客带来的感受是愉悦的，那么即使整个过程中有不愉快的经历，顾客仍会将整个体验评价为愉悦。相反，如果高峰或结尾的体验不佳，那么即使之前的服务再周到，顾客的总体感受也可能是不愉悦的。

海底捞就非常擅长利用峰终定律，通过在用餐过程中安排表演节目来创造高峰体验，在用餐结束后送顾客出门，制造结尾体验。品牌方的超级门店也应该采取类似的策略。

3. 商品包装的炫耀感

体验的最后一个环节至关重要，但第一眼印象更为关键。这里所说的"最后一程"是指商品的配送过程，而"第一眼"则是指商品的包装。正如我们常提到的，在人与人之间的交往和合作中，第一印象具有举足轻重的地位。这是因为没有人有义务透过你不加修饰的外表去发现你内在的优秀品质。

第一印象是人类进化过程中形成的一种高效筛选机制。在大多数情况下，对于大多数人来说，如果外在表现良好，内在品质通常也不会太差。

品牌方需要关注第一印象，还有一个心理学上的原因。首因效应，也称为第一印象效应，指的是人与人之间在首次交往时形成的印象，在对方心智中占据主导地位。一旦形成，这种印象将是持久且深刻的，而且很难改变，因此只有一次机会去展示。

这也就是为什么我们常说，如果一个人最初没有对你产生好感，那么之后也很难改变。

第一印象是一种极佳的营销手段，企业必须予以重视并充分利用，使其成为赢得市场和顾客青睐的强有力工具。

对于商品包装而言，信息的传递如果明确清晰则达到了基本要求，如果外观上给人愉悦的感觉则更好，而如果能让顾客产生炫耀感，则达到了最佳效果。

商品包装所营造的炫耀感，其"炫耀"的内容是什么？无非是身份的认同、情绪的表达和价值的传递。在身份认同方面，可以借鉴LV的做法；而在情绪表达方面，则可以学习江小白的策略。

情绪的表达：江小白

我是江小白，生活很简单。

独饮是和自己对话，约酒是和兄弟交心。

不逃避白天的闯，也不错过夜晚的浪。

重要的不是什么都拥有，而是你想要的恰好在身边。

愿意赴约的朋友，不怕麻烦，也不忙。

习惯了不期而遇，就不敢主动邀约。

大部分生活的烦恼，都是因为经历得太少。

小孩子把不开心写在脸上，大人把不开心藏在酒杯里。

孤独可以独处，但独处不意味着孤独。

但凡不能说透的东西，都需要靠酒来释怀。

想见你的人，24小时都有空。

多一点先干为敬的真诚，少一些世故圆滑的套路。

见你的距离不再遥远，碰杯的心情随时在线。

……

以上是江小白酒瓶上的包装文案，它们充满了情感共鸣。因此，饮用江小白不仅是品味酒本身，更是体验那些难以言表或渴望表达的丰富情感。品牌与顾客产生共鸣后，顾客便通过社交媒体、照片等形式自发地为品牌传播，形成了商品的自发推广。

借鉴此法，如果是经营女性内衣，包装上也可以印上富有情感的文案：愿相遇之人不再离散，愿离别之人不再重逢，致敬生活，你就是主宰，自信散发光芒。顾客一旦看到这样的文案，很可能会被深深打动、产生共鸣，并铭记于心。

五、更新竞品

竞品是指竞争对手的商品，更新竞品的目的在于创造与竞品的明显差异，使顾客和代理商一旦看到即产生信任，信任即促成选择。

如何更新竞品？首先是选择合适的竞品。你选择与谁比较，就在某种程度上成为了谁。与村姑比较，你便是翠花；与公主比较，你就成了皇后。选择与谁比较，反映了你的品牌定位。

在进行竞品对比时，应选择知名度高于自己的竞品。接下来，应逐步实施更新竞品的三个步骤：竞品实验、对比视频和商品案例。

1. 竞品试验

竞品实验是利用科学实验手段来证明自身商品在某些方面优于竞品的一种方法。在电视广告流行的时代，洗衣液、香皂、牙膏等产品尤其钟情于进行竞品实验。直销公司安利便是热衷于竞品实验的代表之一。

在销售洗碗精时，安利开展了大量的竞品实验。通过显微镜观察、化学分析等实验手段，向顾客展示：某些品牌的洗碗精含有荧光剂，可能伤害皮肤，含有铅、汞等有害物质，是化学合成的，而安利的产品则是天然的、酵素型的、可生物降解的。

实验是科学研究的基本方法之一，具有天然的可信度。实验的操作逻辑在于，品牌通过实验将商品的优点展现出来，观众通过观看实验自行总结出商品的优点，并由此自我说服。

2. 对比视频

对比视频是通过录制与竞品的对比视频，并通过门店电视、会议（如招商会、沙龙会等）、两大媒体（传统媒体和新媒体）持续向顾客宣传，以此强化顾客对品牌的认知。

大商之道的对比视频

大商之道拥有近20年的招商经验，经验代表了实力，这就如同医院中一位有20年经验的医生与一位仅工作20个月的医生相比，两者的水平显然不可同日而语。

大商之道提出了"融·招·养"三位一体的招商新理论，这一理论是其坚实的基础。与其他企业和机构仅从招商的角度讨论招商，以点带面、以偏概全的方式相比，大商之道的方法有本质的不同。在品牌方渠道运营能力及总部建设尚未完善的情况下，单纯讨论招商无异于饮鸩止渴，最终可能会对企业造成伤害。

3. 商品案例

商品案例是指从不同角度展示顾客使用商品的见证。

常见角度包括：各个发展阶段，从创立到初步成功，再到大规模扩展；各个行业，如餐饮、酒店、零售、大健康等；各个年龄段，如儿童、年轻人、中老年人；不同地区、不同职业等。

在制作商品案例时，需要遵循两个原则。第一个原则是细分化，不能仅制作几个笼统的案例就结束，案例越细分，其针对性就越强，说服力也越大。第二个原则是即时更新，不能仅在开始时制作案例后就不再更新，案例越新、越接近当前情况，顾客的共鸣就越强烈，其可执行性也越强。这是因为人们天生倾向于寻找符合自身情况的案例。

"对号入座"并非无根据的说法，它在心理学上有着相应的依据，被称为巴纳姆效应。巴纳姆效应指的是人们倾向于相信那些模糊、普遍的描述非常准确地揭示了自己的个性特征。换句话说，当用一些普通、不明确、广泛的形容词描述一个人时，那些认知能力有限或缺乏独立思考和理性分析能力的人往往容易接受这些描述，并认为描述中所说的正是自己。

巴纳姆效应实验

时间：1948年

地点：美国

实验人物：伯特伦·福勒及其学生

实验内容：福勒要求学生根据以下描述与自己的契合度进行打分，分数范围从0分（最低）到5分（最高）。

描述内容如下：

- 你希望被人喜欢，却往往对自己过于苛责。
- 尽管存在一些人格上的瑕疵，但大体上你能够加以弥补。
- 你拥有大量未被发掘的潜力，尚未充分发挥你的长处。
- 你外表看似坚强、自律，但内心隐藏着不安与忧虑。
- 你常常严重怀疑自己是否做出了正确的选择或决策。
- 你喜欢一定程度的变化，并在受到限制时感到不满。
- 你自认为是一个独立的思考者，不会接受未经证实的观点。
- 你认为向他人过度坦率是不明智的。
- 你有时外向、友好、社交性强，有时则内向、谨慎、沉默寡言。
- 你的某些抱负并不现实。

实验结果显示，平均分数为4.26分，几乎所有人都认为这些描述仿佛在说他们自己。这种现象解释了为何在老师或领导批评某人时，你会觉得在说自己，同样也解释了为什么星座测试、属相等会让许多人觉得准确。其心理学原因在于，人们总是倾向于将这些描述与自己的情况相对应，从而产生共鸣。

六、更新店员

更新店员即对店员的形象、文化、素质、精神、技能、话术进行更新。更新店员分为两个方面：一是选聘，二是培养。

1. 店员选聘

超级门店的店员必定是年轻、技能娴熟且资质完备的。试想，那些由老年人驻守的街角小店，能否真正焕发"超级"之姿？若他们自身难以跟上时代步伐，甚至抗拒潮流，缺乏活力，门店又何来生机？在抖音、快手、小红书等社交媒体盛行的当下，若店员无法熟练运用这些平台制作短视频，又怎能有效推广？反观苹果体验店，其员工团队清一色为年轻人，便是最佳例证。

部分企业对此深感无奈，他们渴望并努力寻找年轻、有活力且性格、资历与门店商品相契合的员工，但现实是，当代年轻人往往对售货员、服务员等职位兴趣不大，认为这些工作薪酬低、任务繁重且发展前景有限，导致招聘难度加大。实则，问题并非在于年轻人难以招募，而在于门店本身是否达到了"超级"标准。要吸引年轻人，关键在于门店的系统性升级。

超级门店的实现，必然伴随着系统的全面升级。这包括构建体验的中心、社交的平台、直播的基地、融招的道场等四大核心要素，通过综合手段激发门店潜能，促使其从传统模式向超级门店转型。此过程需系统配合，相互成就，既不可操之过急，也不可片面追求某一方面的发展。

同时，超级门店也必然是高绩效、高收入、员工充实且能实现个人价值的典范。超级并非终极目标，而是追求高绩效、高客户黏性、广阔发展前景及持续生命力的过程。

2. 店员培养

店员培养涵盖了店员的形象、文化、素质、精神、技能和话术等方面。培养方式多种多样，包括入职培训、周度培训、月度培训、季度培训、年度培训以及晋升培训等。店员选聘是挑选有潜力的苗子，而店员培养是促进其成长的关键。缺乏培训体系的门店，员工难以感受到个人能力的提升，这将导致人才流失率增高；服务质量无法提高，门店的效益自然降低，效益降低可能引发降薪，一旦降薪，优秀员工自然会选择更好的工作环境，从而导致优秀员工流失，门店效益进一步降低，形成恶性循环。相反，如果建立有效的培训体系，便能形成正向循环，使门店的服务质量和效益持续提升，进而吸引和保留优秀员工，实现持续发展和效益增长。

话术培训示例

跟李佳琦学话术——使用商品的美好

李佳琦在直播间推广口红时，常采用如下措辞：使用我的口红，你将成为樱桃般的存在，焕发仙女般的气色；使用708色号口红，你就像《甄嬛传》中的胜者，仿佛向其他嫔妃宣告你的成功；使用1014色号口红，你在职场中将如女王般存在，如同杜拉拉般自信；使用135色号口红，当你遇到前男友时，会让他后悔莫及；使用677色号口红，则让你的现任难以忘怀。因此，李佳琦所销售的不仅仅是口红，而是使用这些商品后所能带来的美好生活。

你的店员是否也能够如此塑造商品形象？如果能够，那么应该将其作为标准，进行总结、推广，将个人优势转化为团队技能；如果尚未做到，那么应立即开展培训，让话术成为销售的助力。

除了能够描述使用商品后的美好生活，店员还必须掌握如何塑造成功案例等话术。总体而言，任何标准流程都应有相应标准的话术，话术的统一直接关系到门店形象和销售额的统一。

技能培训示例

店员必须掌握的顾客关系维护技能——店员层面的三大服务

在之前的服务章节中，讨论的是从门店层面出发的服务，这需要门店从高层到基层共同制定和执行。而本节讨论的则是从店员层面出发的服务，很多服务项目不需要门店的配合，店员可以独立实施。当然，这种区分仅是为了便于理解，在实际经营中，这两种服务经常是相互结合的，共同为顾客提供优质的服务体验。

顾客关系维护的核心在于做好分内服务、边缘服务、分外服务。

- 分内服务：包括为顾客提供报价、介绍商品、试用商品等服务。
- 边缘服务：那些可做可不做的服务，如为顾客送上生日礼物等。
- 分外服务：包括帮助顾客接孩子、照顾家中老人等。

对于不同段位的顾客，应提供不同维度的服务。对于普通顾客，应做好分内服务；对于有潜力的顾客，应提供边缘服务；而对于重要的大顾客，则必须提供包括分内、边缘和分外服务在内的三合一极致服务。关系本身就是一种生产力，而强大的顾客关系维护能力则是超级门店店员的核心竞争力。

四大原则打通"体验的中心"的任督二脉

打造"体验的中心",仅仅掌握六大更新就够了吗?

体验,服务是表面,模式、系统才是内在。仅仅停留在表面服务,门店体验做得再好也是没灵魂的,也是乱打一通的。打造"体验的中心",还要打通品牌门店"体验的中心"的任督二脉。

以下四大原则可以打通品牌门店"体验的中心"的任督二脉,聚焦品牌门店的体验动作,释放品牌门店的体验潜能:

- 以顾客为中心。
- 以品牌为原点。
- 以超预期为标准。
- 以不断创新为常规。

一、以顾客为中心

体验首先要以顾客为中心。对此,现代管理学之父——彼得·德鲁克说得再明白不过。早在1954年,他就提出:"顾客决定着企业是什么、企业生产什么、企业是否会兴旺。"语言简单,内涵深刻。不是老板决定企业,不是员工决定企业,不是投资人决定企业,而是顾客决定企业。因此,企业必须以顾客为中心。

虽然现在很多企业都将"以顾客为中心"挂在嘴上,但CMO Council报告显示,只有14%的营销人员表示自己的公司做到了"以顾客为中心"。以顾客为中心,依旧出于说说而已。为什么?究其原因,企业还是在以企业为中心。

践行以顾客为中心,意味着从口头到行为,从日常到冲突,都始终以顾客为决策的第一标准。如果某某设计有宣传作用或其他作用,但对顾客体验有副作用,就应当舍弃。在体验打造的各个环节,如果某某环节企业利益和顾客利益有冲突,就应当优先考虑顾客利益,放弃企业利益。不少老板当场就急了："放弃企业利益？那还创业个啥？"这就是短期主义和长期主义的思考区别了，有价值的放弃，是守"一"，为了走得更远。

品牌方如何将"以顾客为中心"落到实处？以下四大抓手很关键。

1. 精神上给予高度的重视

在宣传上要保持高调。以顾客为中心不应仅仅停留在口号上，而应成为企业的价值观、行为准则和工作方法。它是评估的标准、成功的保障和思考的模式，有助于每位员工洞察顾客需求，指导业务发展，对企业的兴衰起着决定性作用。

2. 制度上提供细致的保护

在制度上要予以重视。Adobe的高级副总裁Donna Morris曾提到，要让员工感受到顾客体验的重要性，因此Adobe实施了一项与顾客体验直接相关的奖励计划。顾客体验相关的指标一旦提升，员工将得到现金奖励。制度既是约束也是保障，如果"以顾客为中心"不能与制度和利益紧密结合，那么它就是一句空话。

3. 建立相关的KPI

在绩效管理上要有所体现。管理学大师彼得·德鲁克曾说："唯有可测量，方为可管理。"没有明确的指标，管理就无从谈起，企业无法进行有效管理，员工也难以实现自我管理。因此，事情需要清晰明确，避免含糊不清。

4. 从招聘环节开始着手

企业的任务在于用人，而非改变人。在招聘环节就要开始甄选，寻找那些真正热爱并践行"以顾客为中心"理念的员工。改变自己是神圣的，而试图改变他人则是徒劳的。我们必须铭记，正确的选择比培养更为重要。如果一开始选择不当，最终结果将一无是处。相反，正确的选择将使成功变得顺理成章、自然而然。

二、以品牌为原点

仅"以顾客为中心"的理念来打造体验是不够的，还必须以品牌为原点。

为何要以品牌为原点？这与门店的核心体验息息相关。核心体验是指与商品和品牌相匹配、相辅相成的体验。它基于品牌定位，决定了"体验的中心"的基调或主旋律，符合品牌定位的经营核心与服务关键。

与核心体验相区别的是顾客的共性体验，即顾客在任何购物场所都可能需要的体验，如休息、饮水、享用点心、儿童照看等服务。共性体验在不同品牌门店间具有普遍性，差异不大。

核心体验则不同，它不能简单地模仿其他品牌的体验设计。品牌方需根据自身所处的时代背景、行业特性、地理位置、品牌定位、商品种类，甚至经济环境等因素，挖掘、创造并形成独特的核心体验。

只有如此，体验才能真正成为门店不可分割的一部分，仿佛是从品牌中自然生长出来的，从而为门店赋予强大的能量；否则，体验就会流于形式，虽有其表却缺乏灵魂，无法成为真正的体验中心，也无法激发体验的潜力。

例如，商场中方便面和饮料的试吃试喝，理疗店提供的身体体检，化妆品店或服装店利用高科技实现的智能试衣、试妆服务，以及宜家的实景沉浸式体验等，都是基于品牌而设计的体验。

评价核心体验的好坏，不在于技术含量的高低或操作的难易程度，而在于体验形式与品牌定位的一致性，以及体验感受与品牌表达的呈现效果。一致性越高，呈现效果越好，核心体验的设计就越优秀。

三、以超预期为标准

除了以品牌为原点，体验还应以超预期为标准。

通常的体验仅能确保顾客不产生不满，而超预期的体验能为顾客带来深刻且愉悦的感受。因此，在打造体验时，超预期不应仅被视为一种期望，而应成为一项基本标准。超预期体验是激发顾客体验质变的关键点；未达到这一点，所有的体验就如同未煮沸的水，缺乏活力。

如何实现这一目标？峰终定律提供了一种巧妙的方法。根据峰终定律，在一段体验的高峰和结尾时，如果顾客的体验是愉悦的，那么他们对整个体验的感受也将是愉悦的。因此，要创造超预期体验，需要遵循"人无我有，人有我优"的原则。这意味着品牌需要通过创新服务和体验吸引顾客，或者精心设计体验的高潮部分，以留下深刻印象。

我们可能都有过这样的经历：在饭店用餐时，老板赠送了一盘瓜子。然而，这种体验很难说超出了预期，因为其他饭店也有类似的赠送，甚至有些还会赠送更受欢迎的小菜。

在打造超预期体验时，从品牌的角度出发，需要做到"人无我有，人有我优"。那么，从顾客的角度出发呢？应该基于需求的冰山理论，深入挖掘顾客的潜在需求。谁能够更深地挖掘这些需求，谁就能让顾客更加惊喜，从而使得门店更加受欢迎。

需求冰山理论（见图7-1）指出，在市场中已经被满足的需求仅是表面，就像冰山的一角。实际上，顾客还有许多未被发掘的潜在需求，这些需求如同冰山的庞大基底，其数量之多超乎想象。

企业需要挖掘顾客的潜在需求，包括顾客无法表达的需求、顾客未意识到的需求以及顾客已经满足的需求。只有探究这些潜在需求，才能真正满足顾客的需求，创造更多价值。

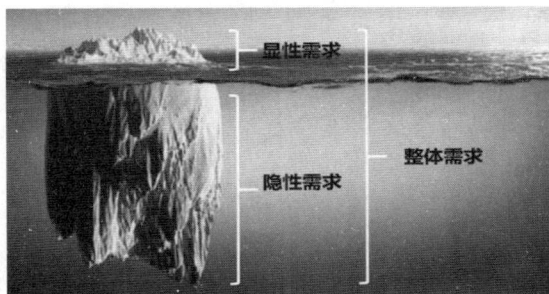

图7-1　需求冰山理论

四、以不断创新为常规

最后，体验还应以不断创新为常规。

技术不断进步，需求持续更新，期望日益转变。因此，一个具有生命力的"体验的中心"必须是与时俱进的。而要与时俱进，就需要将不断创新作为常态。

耐克的体验创新值得借鉴。耐克不仅在体验营销方面是先行者，也是创新者。多年来，耐克一直致力于不断迭代和升级顾客体验。

巴黎香榭丽舍大道上的耐克"创新之家"

这家品牌店占地2400平方米，共4层，外观复古而内部充满科技感。以科技感、数字化和沉浸式为主题，创造了一个独特的创新零售体验空间。

店内配备了多样的数字化媒体装置，如用LED屏幕代替传统陈列展台，用竖状屏幕连接楼层，用巨大屏幕设计楼梯下的地面等。通过屏幕和多媒体的动态展示效果，为顾客提供了震撼的动感和韵律体验。此外，店内还有体感互动装置，让孩子们通过跳跃探索有趣的游戏。

上海的小型线下互动体验空间

2019年开业的这家体验空间，当体验者跑步时，彩色的珠子会随着步伐弹跳，为顾客的每一步增添乐趣。

它还将跑步速度分为四个区间，不同的速度会联动变化灯光、音乐和珠子的运动状态，创造出既美观又梦幻的互动体验。

上海全球首家旗舰店的"核心中场"

位于上海南京东路的"耐克上海001"是全球首家以House of Innovation为概念的旗舰店。店内设有一个贯穿四层楼、高19米的可互动巨大动态影像装置，称为"核心中场"。

这一装置构成了一个基于数字化的互动区域，为顾客提供了沉浸式运动体验项目。顾客可以进行双人对抗或个人挑战，最终得分和名次会实时显示在排行榜上，使其成为上海新的打卡挑战地点。

耐克瑜伽多媒体互动

耐克为瑜伽爱好者设计了这一单元化互动体验项目。在体验区中，耐克利用实时生成技术编织出一张虚拟的弹性网，以此展现瑜伽系列商品的极致弹力和舒适特性。

通过体感摄像机捕捉人像动作，并将其投影到屏幕上，互动时通过人形骨架模组的视觉效果呈现，显示在现场立面和地面的LED屏幕上，为瑜伽爱好者提供了新奇的体验。

在这个项目中，顾客可以享受到实时生成的动态背景、单元化的体验空间、重组后的瑜伽授课空间以及实时捕捉的互动体验。

此外，耐克在购物空间中为顾客打造了一个相对私密的授课空间，以满足瑜伽运动内向探索自我的特性。

不能持续创新的体验是没有生命力的，是死的，是没有竞争力的。因为它随时可能被淘汰。不创新，不是选择死亡，而是在等待死亡。

社交的平台

社交犹如空气，人离不了它。

——（美国哲学家）乔·桑塔亚那

点石成金的社交

他们用泥土涂抹面孔，以彰显其野性，手持亲自打磨的石制长矛，其锋利足以划破兽皮。这群原始人谨慎而有序地匍匐前行。他们的目光锐利如猛兽，透过高草的缝隙，紧盯着悬崖前草地上悠然吃草的野牛群。在足够接近之时，他们突然跃起，投掷长矛，围捕野牛。

这是电影《阿尔法：狼伴归途》中原始人捕猎野牛的场景，场面震撼人心。实际上，他们历经数日，跋涉过重重险阻，方才抵达此地，目的是为部族获取过冬的食物。他们为何要集体行动？因为在充满危险的原始社会，在工具落后的条件下，个体很难捕猎动物，亦难以抵御野兽的攻击。孤立意味着死亡，只有团结一致，才能获得生存的机会。

这种狩猎模式向我们揭示，相较于勇气，社交才是原始人生命延续的关键。缺乏社交，等同于饥饿、死亡和灭绝。

在原始社会，社交是生存和更好生活的基础。时光流转至现代，情况有所改变吗？科技和生产力已实现质的飞跃，工具武器从石头变为飞机和大炮，情况有所改变吗？

理论上，应该有所改变。因为个人生存能力已显著提高，携带一把猎枪就能独自穿越森林，携带一包干粮就能单独进行极地探险。

然而，现实并非如此。人们对于社交的需求甚至更为强烈。社交已从生存的基本需求转变为精神层面的食粮。

没有生存的口粮，死亡是终结，一了百了；而精神食粮的缺失，则如附骨之疽，令人难以忍受，从孤独到抑郁，最终可能导致精神失常。缺乏社交所带来的孤独感、空虚感和寂寞感，比野兽的利齿更伤人，更为致命。

试想，即使现在，给你享用不尽的山珍海味，穿不完的绫罗绸缎，配备高性能、强大计算能力的电脑，但无人与你交谈，虽然可以玩单机游戏，可以浏览网页，但信息更新停滞，不再增长，将你置于荒岛，你能坚持多久？

进一步想象，再给你一个好看的异性，也就是提供一点点社交——一个人所带来的非常有限的社交，你又能坚持多久？显然，社交不可或缺，缺少社交，我们无法生存。

一、我们为什么越来越渴求社交

现代人对社交的渴望日益增强，其直接原因在于寂寞。

与祖辈们相比，现代人见面交流的机会减少了。智能手机和社交工具的普及，以及城市化带来的钢筋混凝土的隔绝，使得人们逐渐疏于面对面的社交，从而产生或加剧了寂寞感。

社会心理学指出，当个体没有任何亲密的人可以依靠时，会产生"情绪性寂寞"；当个体缺乏社会归属感或团体归属感时，会产生"社会性寂寞"。不论哪种寂寞，都会引发主观上的不愉快感，这种不愉快感促使我们渴望社交。

现代人对社交的渴望还有更深层次的原因，那就是随着时代发展，基本生计水平的提高。物质生活水平的提高使得人们的基本生计需求也随之提高。过去在农村修建一栋房子就能感到满足，而现在在城市里买房买车成了许多人的渴望。因此，人们不得不投入更多的精力去适应时代的"生计"，而人的精力是有限的，当精力被生计占据时，用于满足精神需求的"社交"的精力自然就减少了。

美国学者朱丽叶·斯格尔在《过度劳累的美国人——业余时间出人意料地减少》一书中阐释了这一点。专家们普遍预测，随着生产效率的提高，工作时间将会减少，但这一预测并未实现。人们曾预计，在20世纪80年代末，美国的劳动者只需花费40年代末一半的时间就能创造出相同的财富和服务。然而，实际情况却是人们变得更加忙碌。

网上流传着这样一句话：10000年前的人类祖先每周仅工作17小时，而现代人每周工作40小时。这句话可能并不准确，但引人深思。可以肯定的是，除非发生革命性的突破，如人工智能真正解放人类而非导致失业，否则只要物质水平继续发展，人们用于适应时代所需的"生计"时间和精力就会增加，而用于"社交"的时间和精力将变得更加稀缺，人们对社交的需求也就越加迫切。

现代人对社交的渴望还有更深层次的原因，那就是人类本身的特性。正如马克思所说："人是一切社会关系的总和。"从本质上讲，人是群居动物，也是社交动物。只要是人，就无法脱离其他人而生存，也无法避免社交。否则，你就不再是人，而是可以超脱尘世的神。

二、社交让生活如鱼得水，让商业点石成金

现代人对社交的渴望日益增强，这是生命本能的驱动，因为社交有助于人的生存和发展。社交不仅是优势，也是机遇。如果得到恰当的运用，它带来的收益是出乎意料的。无论是在日常生活还是商业活动中，社交都是值得信赖的。

对个人来说，社交有助于个人成长和提升个人生产力；对社会来说，社交是社会结构和进步的基石，推动社会生产力的创造、维持、传播和发展；对企业来说，社交是维护顾客关系的关键时刻，能够使商业活动焕发新的活力。

社交在商业中的五大效用包括：

- 引领流量潮汐。
- 降低营销成本。
- 提升顾客黏性。
- 盘活顾客关系。
- 引爆口碑营销。

1. 引领流量潮汐

流量潮汐指的是流量的整体趋势和动向。社交在引领流量潮汐方面的作用，区别于那些小规模的拉新方法和手段。社交连接的是广阔的流量海洋，掌握了社交，就等于掌握了大规模的流量动向。

2. 降低营销成本

商业的本质是营业收入（10）减去成本（8）等于利润（2）的减法艺术。降低成本是企业经营中永恒的主题之一。社交源于人，服务于人，它从流量、顾客黏性、口碑等多个方面降低了营销成本。

3. 提升顾客黏性

黏性的核心在于高频率的使用。使用频率越高，顾客黏性越大，顾客的忠诚度和单店营业额也就越高。社交的高频特性，如频繁使用微信，有效解决了商品本身使用频率的限制，帮助企业打破了低频场景，显著提升了顾客黏性。

4. 盘活顾客关系

每个人都有归属感和认同感的需求。社交是维护顾客关系的关键，帮助顾客找到组织，获得归属感、认同感和尊重感，进而实现自我价值。

5. 引爆口碑营销

口碑营销，也称病毒式营销。与硬广告相比，口碑具有两大天然优势：一是更容易获得信任；二是传播速度快。在口碑营销中，社交是其核心本质。

以上阐述了社交在商业中的五大效用，这些解释了为何众多业界巨头都怀有一个社交梦。例如，雷军推出了米聊，丁磊推出了易信，马欣推出了马桶MT，罗永浩推出了聊天宝，李彦宏推出了希壤，马云推出了来往，而张一鸣则推出了抖音和多闪。

尤其是马云，他对社交的执着是众所周知的。从阿里旺旺到来往，从钉钉到支付宝生活圈，阿里巴巴几乎尝试了所有可能的社交方式。在推出来往时，阿里巴巴专门成立了网络通信事业部，并坚定地表示"宁可死在来往的路上，也绝不活在微信群里"，甚至宣称"要把企鹅赶回南极去"。至今网络上还流传着这样一句话："马化腾的电商梦，马云的社交梦。"

归根结底，在商品供过于求的时代，社交已成为商业成功的关键之一。谁能识别、创造并最大程度地满足人们对社交的需求，谁就能在流量稀缺、注意力稀缺的当下引爆流量。

这正是超级门店第二个特征——社交的平台的底层逻辑。

社交方式在年轻人中变得越来越多样化。

三、年轻人的社交新需求——万物皆可"搭"

这是2023年的新闻报道，其中提及年轻人在社交媒体上能找到各种活动伴侣：一起购物的逛街伴侣、一起旅游的旅游伴侣、一起享受下午茶的美食伴侣等。

品牌方是否看到了其中的商机？

进一步探讨，为何"搭子社交"变得如此流行？搭子本质上是兴趣小组，成员之间是否相识并不重要，重要的是他们有共同的兴趣，专注于特定场景下的精准社交。

欧文·阿尔特曼和达尔马斯·泰勒提出了社交渗透理论，将社交分为四个阶段：第一阶段是兴趣和爱好；第二阶段是态度和价值观；第三阶段是社交网络；第四阶段是隐私和秘密。这四个阶段由浅入深，代表了个体间了解程度的不同层次。

这一理论不仅描绘了社交深度的构建路径，也为评估社交深度提供了方法。

依据社交渗透理论，品牌方可能看到更多机遇。年轻人对"搭子社交"的热衷，正是他们寻求社交的体现，从第一阶段即兴趣和爱好开始寻求社交。这反过来提醒企业，万物皆可"搭"，万物皆可"社交"，品牌方需要采取行动。

如何从零建构"社交的平台"

如何打造"社交的平台"？这是我辅导20年门店招商后，总结出的一个社交模型（见图9-1）。

超级门店社交模型

诉求	链接	平台	体系
会员需求是什么？	如何链接会员？	链接会员的平台怎么建设？	链接好后如何维护会员？

图9-1 超级门店社交模型

打造超级门店社交的平台，关键在于实现"诉求、链接、平台、体系"这四大方面的升级。

具体来看，诉求、链接、平台、体系构成了门店打造"社交的中心"的四大关键要素。从整体角度分析，这四大要素构成了一个有机的整体，它们从会员需求出发，逐步发展为会员思维的经营体系，形成了一个以会员为中心的顾客运营闭环。

其中，诉求部分关注的是明确会员的需求；链接部分则关注在明确需求后，如何将这些会员联系起来；平台部分探讨的是在明确会员链接的方式后，依靠什么来链接会员，平台的位置在哪里，以及如何构建；体系部分则是在上述要素都具备后，如何持续维护和变现会员，激活会员的潜力。

一、诉求

诉求即会员需求——会员需要的是什么？会员真正需要的是什么？

人类有哪些需求？

美国俄亥俄大学进行了一项研究，最终得出结论，人类所有的行为均受15种基本欲望和价值观的驱动：好奇心、食物、荣誉感（道德）、对被社会排斥的恐惧、性、体育运动、秩序、独立、复仇、社会交往、家庭、社会声望、厌恶、公民权和力量。将这些进行整合和补充，可以将人的欲望归纳为11大类，即：求生欲、求知欲、表现欲、舒适欲、社交欲、公平欲、成就欲、权力欲、健美欲、性欲、情欲。性欲指的是追求性吸引和性满足；情欲则是指渴望爱情、亲情和友情。不应将性欲和情欲混为一谈。

这是从人作为欲望的载体的角度来看待需求的。然而，美国著名社会心理学家亚伯拉罕·马斯洛持有不同观点，他主张人的完美形态是可实现的，并据此提出了马斯洛需求层次理论（见图9-2）。

内在价值肯定，外在成就认可

自我实现　充分发挥潜能，实现理想抱负

尊重需求

爱与归属　建立情感联系，归属某一群体

保障安全稳定，免除恐惧威胁

安全需求

生理需求　满足基本需求，维持个体生存

图9-2　马斯洛需求层次理论

在马斯洛的理论中，人的基本需求包括生理需求（如食物和衣物）、安全需求（如工作保障）、社交需求（如友谊）、尊重需求和自我实现需求。这些需求层次越低，其需求越强烈，优先级也越高；相反，层次越高，需求越弱，优先级也越低。其中，前四个需求被认为是基本需求，最后一个则是最高级别的需求，也称为成长需求。

马斯洛后来补充了认知需求、审美需求和自我超越需求，形成了八阶需求层次理论，但在此不做深入讨论。这些理论为我们提供了理解需求的工具，具有参考价值，但不应机械地应用。

从需求形成的角度，我将需求分为三类：未发、已发、强烈渴求。与前述分类相比，这种分类方式使品牌方能够更轻松、更准确地把握门店顾客的需求。

- 未发：矛盾+憋屈。
- 已发：渴望+障碍。
- 强烈渴求：目标+惰性。

1. 未发：矛盾+憋屈

当前阶段属于需求未发阶段。个体感受到身体压力和内心的憋屈，但尚未形成明确的渴望或目标。例如，面对生活压力，个体可能感到无处宣泄。顾客可能内心有一种模糊的感觉，但无法具体表达，或者尚未意识到这种感觉的存在。品牌方和门店可以通过深入挖掘，帮助顾客找到宣泄的途径。

2. 已发：渴望+障碍

目前需求已经显现。顾客已经意识到压力，并产生了不同程度的渴望。例如，他们可能渴望摆脱单身状态，但缺乏相应的社交圈子。品牌方和门店可以通过创建一个"会"来帮助顾客清除障碍，实现他们的愿望。

以我所在的公司大商之道为例，创始人舒敏成立了一个招商型企业家的圈层——大商荟。他亲自带领大商之道的会员进行游学和游招。所谓游招，即我们走到哪儿，招商活动就开展到哪儿，门店和渠道也随之拓展。

品牌方和门店是否采取了类似的措施？是否建立了专属于品牌的"会"？是否将会员的渴望与障碍结合在一起，让会员在你们这里获得他们期望的生活方式，并与志同道合的人共同享受"物以类聚，人以群分"的乐趣？

3. 强烈渴求：目标+惰性

目前，顾客的需求不再仅仅是渴望，而是已经转化为具体的指标和目标。以减肥为例，顾客可能会设定本月减重5斤，半年内减重30斤的目标。然而，由于惰性，这些目标往往难以实现。许多人都有这样的经历：每年都制订计划，但每年都未能实现。他们对此感到苦恼，但又无能为力。品牌方和门店可以通过建立兴趣小组来帮助会员克服惰性，实现目标。例如，可以成立徒步小组、减肥小组、学习小组等。

为什么选择组织？有一本专门研究坚持的书，书名叫作《坚持，一种可以养成的习惯》。作者通过研究发现，有12个"开关"能够激发行动力，帮助人们坚持目标。

糖果型开关，包括奖励、被称赞、游戏、理想模式、仪式、去除障碍。

触发型开关，包括损益计算、结交朋友、对大众宣布、处罚游戏、设定目标、强制力。

糖果型开关基于人性追求快乐的原则，触发型开关则基于人性逃避痛苦的原则。

组织有效地结合了被称赞、游戏、仪式、结交朋友、对大众宣布、设定目标等开关。以军事训练为例，如果一个人在风吹日晒中坚持7天，可能会很难，但如果是全班一起，情况就会不同。因为在组织中，表现好会受到称赞，表现不好则会受到激励，大家一起参与，更像是在参与一个游戏或竞赛。

组织的重要性远超我们的想象。非洲有句谚语："一个人可以走得很快，但不可能走得很远；只有一群人才能走得更远。"

这就是组织的力量。在组织中，成员可以互相监督、鼓励、促进和见证彼此的成长。

二、链接

链接即会员链接——我们以何种理由将会员聚集在一起？会员如何确信自己真正被链接？

链接会员的本质是将经营模式从传统的经营商品转变为经营会员的生活方式。商品本身未变，但其性质已转变，成为品牌方与会员之间的连接媒介。

链接会员的前提是品牌方必须亲自参与，不能假手于人。否则，可能会出现代理一旦离开，市场随之流失的局面。在我的书《引爆招商》中，我经常强调品牌方总部和渠道建设的重要性，提出"强中央，大地方"的理念。中央之所以要强，是因为会员数据、会员链接等关键要素必须由总部牢牢掌握，否则，招商越多，品牌方和集团倒闭的风险就越大。

链接的具体实施方法，我总结了四个关键词，也是四种关键策略：

- 相同（属性）。
- 相邻（距离）。
- 相当（阶层）。
- 反差（相反）。

通过这些方法，品牌方可以有效地链接会员，构建强大的会员网络。

1. 相同（属性）

相同指的是具有相似属性。例如，将具有相同兴趣、规划或目标的人群聚集在一起。比如，将素食爱好者、肉食爱好者、养生爱好者或棋牌爱好者分别组织起来。

2. 相邻（距离）

相邻指的是地理距离的接近。例如，将居住在同一城市、片区、街道、小区、公司或产业园的人们连接起来。

3. 相当（阶层）

相当指的是社会阶层的相似性。例如，将年龄相仿、收入相近、行业相同或职位相当的人们聚集在一起。

4. 反差（相反）

反差指的是利用相反的属性建立联系。例如，向性格乖巧的女性推荐文身服务。

为什么相同、相邻、相当可以有效地链接会员？

心理学中的相似性吸引原则指出，在人际交往中，人们倾向于喜欢那些在信念、价值观、态度、个性特征、年龄、社会地位、地域等方面与自己相似的人。相似性越高，越容易产生好感。

在人际交往的初期，年龄和社会地位等相似性起着重要作用；而在交往的中后期，信念、价值观和个性品质等相似性则更为重要。

实际上，喜欢与自己相同或相似的人，也是一种间接的自我肯定和自我欣赏。

为什么反差可以有效地链接会员？

原因在于人们的猎奇心理、追求独特性以及寻求刺激的需求。猎奇心理易于理解，它既是人类的一种弱点，也是优势。猎奇心理有助于人们增长知识、开阔视野，更好地了解和认识世界。我们的祖先正是凭借这种好奇心，从原始森林一步步走向城市中心，武器也从石头发展到飞机大炮。

追求独特性同样显而易见。正如那些走在潮流前线的人所说："我就是我，是不一样的烟火。"不想被定义，想要区别于他人，就需要偶尔打破常规，标新立异。

寻求刺激尤其值得关注，它是反差链接会员的一个主要驱动力。我们为什么喜欢寻求刺激？首先，我们需要理解，寻求刺激是一种内在的需求和欲望。

其次，我们需要了解一个概念：快感缺失。快感缺失，即感到无聊乏味。当人们的生活变得单调、一成不变时，就容易出现这种情绪。无聊乏味不是一种缺乏情绪的状态，它本身就是一种情绪，表现为无法直接和强烈地体验自己的感受。以工作和学习为例，当人们不再像以前那样感到快乐，不再期待，完成后也不再兴奋，仿佛变成了一个工作或学习的机器时，这就是情感缺失。

快感缺失导致人们想要寻求刺激。这就是为什么生活需要惊喜和刺激。

孙武在《孙子兵法》中提到用兵的原则：以正合，以奇胜。既要遵循常规，又要出奇制胜。常规即常规战术，奇则是变通战术。相同、相邻、相当、反差，是链接顾客的三种常规方法和一种变通方法。你是否有采用这些方法来链接会员？

三、平台

平台特指链接会员的平台——如何从无到有搭建链接会员的平台？步骤包括哪些？

需要强调的是，这里所指的平台并非常见的计算机硬件或软件操作环境，如某些电商平台，也非供人展示才能的舞台，而是指为高效链接会员所需的环境或条件的集合。我总结了搭建链接会员平台的方法，这些方法被企业家称为搭建平台的六项操作：

- 提供一项服务内容。
- 制定一套行为规范。
- 设计一套互动模式。
- 搭建一套组织架构。
- 运用一些心理技巧。

- 建立一套激励机制。

1. 提供一项服务内容

即赋予会员实质性的特权服务，确保会员能够获得有实质内容、内涵和价值的服务。常见的会员服务内容包括：

- 会员专享价格。
- 会员专属经理。
- 贵宾专享单间。
- 会员专享活动。
- 会员预订优先权。
- 会员专享停车位。
- 会员专家零距离接触。
- 会员日。
- 会员专享刊物。
- 会员专享商城（包括会员积分兑换）。
- 其他会员专享服务。

会员服务内容的设计原则是一致的，即通过提供专享和专属服务来营造会员的尊贵感。例如，会员专享商城可以是会员积分兑换的专享商城，也可以是仅限现金购买的专享商场；会员专属经理可以是私人美容美发顾问、专属顾问，也可以是专属美疗师等，具体可根据不同行业的特点进行调整。

具体的设计思路是共性与特性的结合。

- 共性：普遍适用的属性，人类共有的属性，如被尊敬、被重视、被认可、被需要、追求实惠等。
- 个性：根据不同行业、不同品牌方、不同市场环境进行的创新。它是不同行业、品牌在各自品牌定位和市场环境下对共性的个性化诠释。例如，追求实惠，不同品牌可以设计出不同的优惠活动形式。

2. 制定一套行为规范

即建立标准化的服务流程和服务内容。

对于一般需求和基本需求，按照既定流程提供服务即可。然而，对于个性化或临时的特殊需求，除了需要随机应变，还可以采用"授权"这一管理策略，以便快速响应顾客需求。

海底捞的授权制度

第九条：海底捞（中国）服务员授权制度

- 任何员工均有权在打单后退菜。
- 无论何种原因导致顾客不满意，员工可以给予顾客折扣（任意折扣）。
- 服务员拥有5元以内的抹零和30元以内的菜品赠送权。
- 非顾客不满意的折扣，超过权限的抹零、赠送、免单操作需由领班及以上人员执行。
- 员工若私自吃单，将被开除并移送司法机关处理；举报人将获得不低于10000元的奖励。

授权是管理的有效工具。不应认为授权给员工会减少自己的权力或增加风险。实际上，授权不仅能更好地服务顾客、满足会员需求，还能充分发挥员工的主动性和责任感，同时也是实践企业价值观的重要方式。始终记住：有权利就有责任，没有权利就没有责任。

当然，权力也应受到制约，无限制的权力可能导致滥用。放权后，需要同时进行限制和监督。在日常经营中，品牌方还应善于总结经验，将常见顾客问题归纳为问题库，建立快速解决方案，为不同问题设置不同处理流程，实现问题的快速处理。

3. 设计一套互动模式

互动模式可分为三种类型：线上、线下、线上线下结合。

某医疗机构的互动模式

- 线上：周年庆关怀、生日问候、新品推介、会员优惠、出院后回访。
- 线下：出院前慰问、根据会员兴趣和需求组织的线下活动，如产后瑜伽、患儿家长沙龙等。
- 线上线下结合：根据专科需求或普遍性较强的专病，组织线上线下结合的健康讲座、心理讲座、家长培训等。

互动的核心载体是活动，而活动是最佳的互动方式。

可以这样理解，会员活动的目的在于帮助商家与顾客（即会员及潜在会员）建立并维护一种类似恋爱的紧密关系，并用心培育这段关系的成果，直至长久。

恋爱过程自然不能流于俗套和枯燥，因此品牌方需要善于积累和借鉴他人的活动经验，以丰富自身的活动体系，避免一年到头重复举办几个单调的活动。

常见的活动类型

- 学习：沙龙、讲座、课程等。
- 交流：兴趣分享会、技能交流会、主题交流会等。
- 体验：试吃、试用、试穿等。
- 征集：通过活动扩大知名度和影响力。
- 大赛：评比性质的活动。
- DIY：插花、品茶、烘焙、咖啡、油画、卡丁车、保龄球、扎染等。

- 游戏：户内外拓展、户外野营等。
- 公益：志愿活动、慈善活动等。
- 会议：展会、发布会、路演、舞会等。
- 主题：促销等商品主题活动和节日主题活动等。

活动可以合理收费，例如，DIY活动可以收取场地费、材料费、茶水费以及教师教学费等，兴趣活动可以收取教师费、装备费、场地费和住宿费等。

互动模式的核心在于将经营模式从商品经营转变为会员生活方式的经营。在这一转变过程中，品牌方和门店需要亲自参与，与会员共同体验饮食、娱乐、旅游、学习、成长、美容、摄影、养生以及练习八段锦等活动。

不仅要在多个维度上与顾客互动，还要在时间上进行全年规划，确保顾客从1月到12月都能得到周到的安排，真正实现会员生活方式的经营。

互动模式的质量由三个维度决定：深度、广度和频度。

- 深度：互动内容是否触及会员的内心，还是仅仅停留在表面？
- 广度：互动形式是否涵盖了上述提到的多个维度？
- 频度：互动的频率是否适中？

会员日也是互动模式的重要组成部分。以我的公司大商之道为例，每年都会举办一次大型活动，即我们创立的1218全球招商节。我们的目标是将其打造成全球性的年度盛会。在这一天，通过线上线下结合的方式，实现全球商机、资金和人才的链接，最终实现"中国招，招全球"的目标。

目前，1218全球招商节已成功举办四届，每届都盛况空前，仅线下参与者就超过4000人。参与者中既有携带资金寻找商机的人士，也有携带商机寻找资金的人士，还有携带项目寻找合作伙伴和渠道的人士。此外，每届1218全球招商节都有政府的参与，有的是来见证盛会，有的是带着政策来为地区招商。

在"引爆招商"的课堂上，我经常强调，品牌方是否为会员创造了节日，是否建立了专属活动，是否带领他们共同体验生活的乐趣，这些都是设计互动模式的关键要素。

4. 搭建一套组织架构

与传统门店的相似之处在于：具体岗位的设定需基于实际服务内容来决定。

与传统门店的不同之处在于：超级门店需要设立两个长，即店长和会长，他们各自领导一套班子。店长负责店内所有服务和交易，而会长负责店外所有服务和交易。店长和会长各自有其KPI。

5. 运用一些心理技巧

即通过让会员担任代理、店主、代言人、创客等角色，并为他们设定级别阶梯和相应的特权，激励会员主动进行裂变，从而真正激发会员的价值。让会员实现自用省钱、分享赚钱的目标。

6. 建立一套激励机制

即为员工建立一套销售会员的激励机制。

我建议如果会员费是365元，那么销售会员的员工提成不应仅仅是5元或50元，而应直接设定为300元。销售一个会员提成300元，销售10个会员提成3000元，如果每天销售10个，一个月的提成收入可达9万元。试想，如果一个导购员通过销售会员一个月能挣9万元，她难道不会全力以赴吗？

品牌方和门店不应仅仅关注会员费，而应有更长远的眼光。员工追求的是金钱，而品牌方和门店追求的是会员数量。经营商品往往是一次性交易，而经营会员则是长期性的业务。

四、体系

体系即会员体系——我们的会员分为哪几个级别？

会员体系分为三个级别（见表9-1）：

- 入门会员。

- 代理会员。

- 联盟会员。

表 9-1　会员体系的三个级别

级别	价格	权益
入门会员	300 元	会员价（买着便宜）
代理会员	3000 元	会员价（买着便宜）+ 返利（卖了还有奖金）
联盟会员	30000 元	会员价 + 返利 + 团队（发展团队）

入门会员的设置旨在降低门槛，以便吸引更多的会员加入。会员体系设计的核心原则是为不同级别的会员提供不同的定义和赋能。根据会员级别的差异，品牌方的运营策略（见表9-2）也会相应调整，从而避免采用粗放式的运营方式，实现更有针对性的精准化运营。

表 9-2　会员体系的运营策略

级别	运营策略
入门会员	商品使用攻略等干货赋能
代理会员	分享裂变赋能
联盟会员	团队管理，团队孵化

会员体系的核心在于对会员进行精细化运营。

以往，许多人错误地将会员等同于会员卡，认为会员只与充值、促销相关，这种观念亟须更新。实际上，会员代表的是社群。每位会员都是一个精准的社群，同时可能与其他多个社群产生联系。品牌方应致力于发展会员，并通过会员实现社群拓展。会员的裂变和社群拓展是品牌方和门店接下来需要关注的关键流量来源。门店和品牌方的老板真正需要关注的是会员数量。

门店业绩的新公式：门店业绩 = 触客率 + 会员率。

门店的生意好坏，主要取决于两个关键数据：触客率和会员率。会员数量的多少直接决定了门店的基础流量大小，而触客率的频率则决定了会员的回头率和复购率。因此，触客率和会员率的总和就是门店的业绩。

如何引爆门店的
社交风暴

摩尔定律表明：集成电路上可容纳的晶体管数量大约每18~24个月会增加一倍。换句话说，微处理器的性能每18个月提高一倍，而成本则下降一半。

当我们认为这种发展速度已经非常迅速时，有人提出了"新摩尔定律"，它指的是中国互联网联网主机数和上网用户人数的增长速度，大约每半年就会翻一番。这一点从手机行业的快速迭代中可见一斑，如苹果每年一次的新品发布会，华为和小米每年多次的新机发布。

我们正生活在一个"快速"的时代，一个速度不断加快的时代。

一首歌曲的流行、一个现象的热度、一个话题的讨论，都转瞬即逝。在这样的时代背景下，昨天的新闻、潮流、概念、玩法、趋势到了今天可能已不再新鲜，上个月的机遇、机会、发展到了下个月可能已被人遗忘。

在这样的时代，经营企业既要坚持长期价值，也要把握短期利益。只有长期规划而忽视短期目标难以生存，反之亦然。

如果上一讲的四大升级代表了"社交的平台"的长期主义，是逐步推进和稳固发展的基础，那么本讲的"三大核心"则代表了"社交的平台"的短期价值，是迅速建立高楼、引爆门店社交风暴的导火索。

打造超级门店"社交的平台"，除了实现四大升级，还需把握引爆门店设计风暴的三大核心。

何谓打造超级门店"社交的中心"的三大核心？答案是空间、商品和店员。它们是社交的中心的精髓，也是超级门店的包装哲学，因为它们是顾客对门店和品牌最直接的感知、体验和传播。

一、空间

顾客生活在三个主要空间中。第一空间是居住空间，第二空间是工作空间，而第三空间则是购物和休闲场所。随着生活质量的提高，人们在第

一、第二空间中度过的时间减少，而在第三空间中的时间增多。这正是消费升级的体现。第三空间的重要性日益凸显，品牌方和门店肩负着重大的责任。

随着顾客在第三空间中逗留的时间增加，他们对第三空间的要求也随之提高。当前，顾客对一个优秀的品牌方和一个乐于光顾的门店的期望，已不再局限于单纯的购物场所，它更应该成为顾客精神的栖息地，激发顾客的情感，满足顾客的社交需求。

首先是一种享受，然后才是销售。虽然不直接强调销售，但处处都充满了购买的机会。

如何打造第三空间

1. 创造共享空间。在店面设计中，设计师应打造具有社交属性的共享空间，如咖啡吧台、休息区、展示区等。这些空间旨在让顾客放松身心，促进他们之间的交流和联系。

2. 设计多功能性。店面应设计成多功能的，以满足不同顾客的需求，并鼓励他们之间的互动和社交活动。

3. 借鉴自然元素。店面设计中应采用绿色植物、自然石材、木材等自然元素，以营造自然舒适的氛围。

4. 植入科技元素。店面中应配备智能屏幕、虚拟现实技术等科技设备，以提升顾客的互动体验和分享意愿。

5. 引导顾客行为。顾客行为需要通过店面设计进行引导。例如，设置导航标识、提示牌等，引导顾客前往共享空间、互动区域和拍照点。

在注重颜值的时代，第三空间不仅要实用，还要在视觉上具有吸引力，甚至达到惊艳的效果。这要求设计师进行整体规划，以主题为引领，并巧妙融合自然、科技、文化等元素，创造出符合品牌和门店特色的个性化主题空间设计。

老字号品牌"大白兔"，通过美学场景空间打造的全新艺术生活方式和格调

在主背景设计上，品牌采用了其标志性的"红、白、蓝"三色，创造出强烈的视觉冲击力，使得整个空间宛如一座大白兔乐园。

在细节处理上，通过3D打印技术制作的流线造型，模拟牛奶的流动感，同时以大白兔糖纸为设计灵感，陈列设计巧妙融合，为顾客提供了沉浸式的体验。

为了拉近与粉丝的距离，门店不仅提供各种经典的奶糖、牛奶、雪糕，还精心设计了随行杯、伞、包包、衣服等周边商品。

上海 X11 旗舰店，通过突破性场景打造的沉浸式工业风潮

X11上海旗舰店的潮玩空间，采用工业风格的设计，将2000多平方米的双层独栋建筑打造得既明亮又有序。店内设有15米的盲盒墙和6米高的通天货架。顾客在这里不仅能享受到主题空间带来的美好体验，还能发现许多当下流行的限量版IP产品。

路易威登伦敦旗舰店，诞生即王炸

旗舰店门口采用了放射状艺术装置，即使在繁华的商业街中也能立即吸引人们的注意，成为最好的招牌。店内则运用饱和的色彩与木质空间相结合，营造出沉稳而高品质的艺术氛围。

二、商品

赋予商品社交属性，让商品能够自我表达，其重要性甚至超过了主题空间。因为商品是商业活动的核心和归宿，顾客最初进店是为了商品，最终的体验闭环也是围绕商品展开的。

首先，让商品引爆，激发商品的吸引力。

引爆商品的模型：好看、好用、好玩。

- 好看：包装。商品的包装如同人的衣着，是其吸引力的重要组成部分。
- 好用：质量。以苹果手机的品质为目标，确保商品的耐用性和可靠性。
- 好玩：游戏。将商品变成一种游戏，例如，儿时方便面中的集卡片活动，即使食品本身并不突出，但卡片的收集却能激发人们的兴趣。

然后，让商品社交，促进商品的社交功能。

好看、好用、好玩的商品已经具备了一定的吸引力，但要让商品真正具备社交属性，可以从标签、谈资、场景三个角度进行深化。

- 标签：身份认同。
- 谈资：社交货币。
- 场景：情感表达。

1. 标签

认识标签之前，先要认识身份认同。身份认同是个体对自身在社会中位置的确认，是人的基本需求。哲学上的终极三问——"我是谁？我从哪里来？我到哪里去？"——正是对身份认同的探索。

身份认同源自何处？它源自标签。例如，教师、医生、父亲、子女、祖父、孙子等属于一级标签。这些一级标签通常是既定的，顾客难以改变。而时尚、幽默、保守、克制、见多识广、思维闭塞等则属于二级标签，这类标签非常灵活，顾客有很大的改变空间。二级标签是人们最常用来确认自己身份的方式，而消费则是获取这些标签的重要且简便途径。

是否时尚，可以通过购买一套衣服来体现。一个人的品位，往往也能从他所使用的商品中体现出来。虽然这种判断不一定准确，但它简单直接，通常被人们认为是正确的，因为内在的灵魂难以看见，而外在的表象则容易展示。

脑白金将自己定位为孝顺的象征，LV代表时尚，小米则代表经济实惠。你的商品是否也具有这样的标签？

2. 谈资

谈资是一种社交货币，能够创造价值，拥有谈资的人在社交场合中往往更受欢迎。社交货币是指那些能够为我们提供谈资的事物。使商品成为社交货币意味着赋予商品可供讨论的价值。

小罐茶在其品牌打造过程中就运用了社交货币的概念。杜国楹提到，小罐茶旨在通过其形象包装和品牌故事，让商品本身成为人们讨论的话题，从而减少商务社交中的尴尬。

星巴克的猫爪杯之所以能够以高于原价七倍的价格售出，除了饥饿营销策略，话题炒作也起到了关键作用。通过各种宣传和炒作，商品被赋予了话题性。话题即谈资，谈资即社交货币。你的商品是否具有可讨论性？是否具有话题性？

3. 场景

通过消费场景实现情感表达。某些商品由于其消费场景的天然属性，本身就具备社交基因，如酒、茶、火锅等。场景的构建意味着品牌方需要帮助商品赋予特定的消费场景，让商品自然而然地成为社交的一部分。

2022年流行的围炉煮茶便是场景营销的典型例子，一些茶饮品牌顺势推出围炉冰茶，也成功吸引了大量流量。同样，2023年流行的淄博烧烤，其背后的"喝酒撸串的人间烟火"场景也起到了推动作用。你的商品是否具有特定的消费场景?

如何打造具有社交属性的消费场景?

- 代入感:结合当前的热点文化。
- 促社交:在门店与顾客之间、顾客与顾客之间形成互动。
- 强体验:提供强烈的顾客体验。

三、店员

许多品牌方和门店认为店员的存在仅仅是基本要求,这是一个严重的误解。店员的角色至关重要。无论场景设计多么吸引人,商品多么独特,店员的作用都是不可或缺的。店员的一句话、一个动作、一次服务都可能给顾客留下深刻印象。正如谚语所说:"良言一句三冬暖,恶语伤人六月寒。"将店员视为门店的灵魂是恰当的。

那么,应如何配置店员(见图10-1)?

图10-1　配置店员的要求

- 高素质:店员的内在修养,包括个人素养和职业素养。
- 好形象:店员的外在形象,包括仪容、着装和礼仪。一些门店甚至按照空姐的标准选拔收银员,目的是给顾客留下深刻印象。

- 强技能：店员的岗位技能，包括销售、短视频制作、微信营销、小红书运营等。

在这些要素中，技能是基础，没有绩效产出的形象和素质是站不住脚的；素质和形象是保障，保障了业绩的产出，没有素质和形象，业绩难以持续。你的店员是否按照素质—形象—技能的三角模型进行挑选和培养？

直播的基地

直播是门店的触角，我们要用它抵达世界。

——王昕

拓展时空的直播

谈到直播，我们很自然地会想到李佳琦、罗永浩、董宇辉等知名主播。然而，直播并非互联网时代的产物。

直播最初指的是电视直播。1936年11月2日，英国广播公司在伦敦郊外的亚历山大宫首次进行了一场2小时的电视直播歌舞节目。1958年，中国也开始了电视直播。

时间推进到2003年，直播进入了成长期。在《魔兽世界》《大话西游》等游戏直播的推动下，直播衍生出了K歌、秀场、聊吧等多种形态。当时的直播参与者主要是小圈子内的人士，直播创业也仅限于少数具有远见的创业者。

随着移动互联网的兴起，直播迎来了资本的大规模涌入。2015—2017年，直播行业经历了所谓的"千播大战"，成百上千的直播App涌现，吸引了公众的注意力和资本的投入。直播逐渐形成气候，敏感的品牌方和商家开始尝试直播的商业化。

2020年疫情的暴发导致人们居家隔离，直播成为接触大众的关键途径，迅速被各大企业和众多品牌方、门店采纳。

如今，直播已经非常成熟。从媒介形式上，直播可以分为文字直播、图片直播、音频直播和视频直播。从主播类型上，直播可以分为真人直播、半无人直播、数字人直播和无人直播。从业态上，直播可以分为直播+教育、直播+金融、直播+公益、直播+带货等。从主题上，直播又可以分为游戏直播、娱乐直播、体育直播、音乐直播、商业直播等。

本书探讨的直播的基地属于商业直播的范畴。但对商业直播的理解不应过于狭隘，不仅电商带货属于商业直播，任何带有商业目的的直播活动，如吸引加盟、品牌宣传、展示企业实力、维护顾客关系等，都可以视为商业直播。

对于直播的认知也不应局限于表面。超级门店所讲的直播的基地，并非仅仅是企业设立的网络带货部门，而是将其作为门店的核心战略，利用直播将门店打造成24小时不间断运营的门店，拓展门店的时空边界，丰富门店与顾客的互动方式。自1936年电视直播诞生以来，直播已证明其先进性，它不是一时的风潮，而是未来企业品牌宣传、销售、引流、互动的核心手段，其重要性和对品牌方、门店的益处远超我们的想象。

一、直播对门店的四大赋能

1. 增加门店销售渠道

直播带货可以直接增加门店收入，提升门店业绩。相比没有直播带货的门店，拥有直播带货的门店多出一个销售渠道。在疫情期间，许多门店通过直播实现了收入的增加。

此外，门店还可以通过直播中的投票、问卷和表单等形式在线收集顾客信息，获取更多潜在顾客，并根据顾客的具体意向进行跟进，从而显著降低企业的营销成本。

作为销售渠道，直播能直接带来营业额，这是门店对直播最直接也是最基本的应用。

2. 拓展门店时空边界

将直播作为门店的延伸，让门店突破空间和时间的限制，服务范围从两三公里扩展到全国甚至全球。门店不再仅在营业时间内服务，而是可以24小时不间断地吸引顾客，无论他们身处何地，只要有网络，都能"到店"——观看门店直播，购买门店商品。

尤其在新品发布和主题活动期间，直播可以避免因顾客无法到场而造成的损失，迅速聚集人气，为新品或活动造势。

与直接销售相比，拓展时空边界是门店对直播更深层次的利用。

3.丰富门店链接顾客的维度

直播凭借其强互动性、娱乐性、感染力和多样性，为门店提供了通过多维度内容与顾客建立联系的潜力。在"引爆招商"的线下课中，我提到招商型天网融合商业有两大核心，打造招商型天网需要9维展示，这些维度既适用于短视频，也适用于直播内容。

所谓天网，是基于我创立的企业"天地人三网"渠道模型中的一个概念，其中人网指会员网络，地网指门店网络，天网则指互联网，包括微信、第三方平台、视频平台等互联网平台。

招商型天网融商两大核心

①天网弹药库（见图11-1）。整体打造逻辑是从"全力以逼"转变为"全力以吸"。不再是强迫顾客，而是吸引顾客。门店如花绽放，顾客自然如蝴蝶般慕名而来。

②企业家个人IP（见图11-2）。企业家是企业最佳的代言人，企业需要亲自在全网推广其资本梦、产业梦、赋能梦、赛道梦、爆品梦、品项梦。整体打造逻辑同样是从"全力以逼"转变为"全力以吸"。

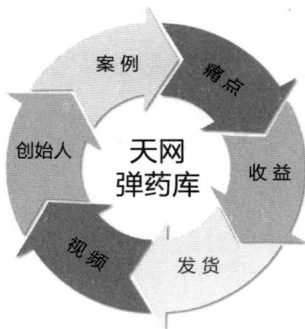

图11-1　天网弹药库

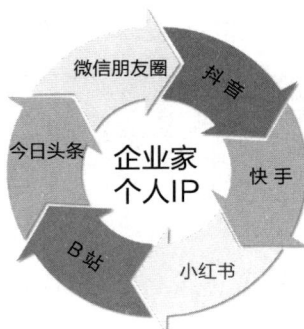

图11-2　企业家个人IP

招商型天网的9维展示

- 供应链：评估商品质量的环节。
- 案例结果：展示项目盈利情况的证据。

- 供货体系：介绍供货流程的具体环节。
- 规避加盟的那些坑：提供避免加盟陷阱的指南。
- 视频签约：实现远程视频签约的过程。
- 开店投资预算分析：帮助顾客进行投资成本计算。
- 连锁门店：展示连锁门店的实际运营情况。
- 餐品制作过程：揭示餐品制作的工艺流程。
- 门店现场视频：记录门店现场的实时情况。

企业通过直播和短视频与顾客建立的不再是单一的带货链接，而是涉及"人财物产供销"的企业管理六大核心要素。这六大要素涵盖了企业管理的方方面面，各大细节，与顾客进行全面链接，深入互动，从而提高顾客的黏性和忠诚度。与直接销售和拓展时空边界相比，这是门店对直播更全面也更系统的开发和利用。

4. 打造爆款，盘活营销全局

直播不仅具备拼团、秒杀、折扣、套餐、限量等营销工具，还具有汇聚和转化流量的能力。一旦直播开始，所有人员都可以吸引周围的流量，激活个人关系网络，提升每个人的工作效率。

将直播应用于营销领域，可以帮助企业打造热门产品，开展多样化的营销活动，进行年底库存清理，从而激发整个营销体系的活力，增强销售潜力。

二、新手小白，直播如何从 0 到 1

如何开展直播？网络搜索会呈现众多繁杂的答案，而咨询他人得到的结果也往往因人而异，缺乏普遍的参考价值。

首先，需要深刻理解实体门店直播与互联网主播直播的不同。品牌方直播的目的是销售商品，而互联网主播则依赖于展示才艺。互联网主播可以通过撒娇卖萌等方式吸引观众，但品牌方必须依靠有价值的内容来吸引和影响观众。

然后，摒弃华而不实的技巧，坚持一个简单而纯朴的方法：基本流程+指导原则+坚持不懈的实践。

1. 基本流程

具体包括：

- 确定直播内容。
- 选择直播平台。
- 搭建直播场地。
- 准备直播设备。
- 组建直播团队。
- 制订直播计划。
- 宣传直播活动。
- 直播与播后跟进。
- 数据分析与优化。

基本流程是标准化的流程，适用于所有品牌方和门店，大体相似但各有差异。在实施过程中，有几个关键点需要注意：

（1）先内容再平台

企业应先确定直播内容，再根据内容选择合适的平台。这决定着企业是否在无效劳动上浪费时间和金钱。

（2）直播场地

建议每个门店都应单独搭建一个专门的直播场地，配备专门的空间、设计和人员，而不是临时凑合，直播结束后随意堆放器材。

（3）团队组建

一个标准的直播团队应包括主播、助播、直播运营、选品和策划人员。如果还包括短视频内容，则团队还需策划、拍摄和剪辑人员。一些团队还可能配置投手、设计师等岗位。虽然这样的配置看似复杂，但实际上不必一开始就如此烦琐。

团队组建可以根据商家的成熟度逐步进行，初期可以一人多职，尽量减少人员配置，随着业务的发展再逐步扩大团队规模。这种方式有助于最大程度地控制成本和风险。对于成熟的商家，可以跳过这一步骤，一开始就根据实际需求组建一个完整的团队。

（4）直播后跟进和数据分析

直播的结束仅是运营工作的开始，需要直播人员及时跟进观众的反馈和问题，以提高顾客满意度，增加顾客的黏性和忠诚度。数据分析则是根据直播的实际效果进行持续的迭代和优化，以提高直播的转化率和投入产出比。

2. 指导原则

- 造场景：创造消费氛围和消费场景。
- 用工具：整合直播、微信群、朋友圈、抖音等多种工具，形成营销合力。
- 建标准：确立统一的话术、图片、文案和节奏标准，以确保直播质量。
- 增功能：拓展直播的功能和服务，增加直播的价值和吸引力。
- 扩战果：在找到有效的突破点后，迅速扩大成果。

这些原则是指导直播的十五字箴言，能够帮助平淡的直播流程激发出新的活力，让直播人员有明确的方向、重点和策略。

但最重要的是要开始行动。万事开头难，直播也是如此。

品牌方在行动前只需掌握基本的逻辑，在行动中通过实践发现并解决问题、发现并扩大机会，行动后及时进行复盘、总结和优化。如果遇到瓶颈，应寻找解决方案，如果无法解决，则应向专家请教，让问题引导专家，而不是等待专家来引导我们。解决问题后，再继续投入实践。

五大击破系统把控直播的基地

直播和"直播的基地"之间存在显著差异。直播侧重于创意的发挥，而直播的基地则侧重于系统的构建。

品牌方在打造超级门店的"直播的基地"时，有五大关键要素：

- 直播准备——准确是基础，不进行无准备的直播。
- 直播商品——商品是核心，优秀的商品设计是直播成功的关键。
- 直播脚本——脚本是保障，没有脚本就无法进行直播。
- 直播话术——话术是关键，精心设计的话术能够显著提升销量。
- 直播成交——控制是核心，成交需要精心策划。

一、直播准确

"厉兵秣马"和"三军未动粮草先行"都是对准备的强调；曾国藩的"结硬寨"也是准备的一种形式。准备是成功的前提，直播若想取得成效，必须避免毫无准备的行动。

直播的准备工作大致可以分为五个方面：

- 时间与主题。
- 环境与设备。
- 话术、脚本、手卡与道具。
- 人员、分工与预热。
- 直播状态。

1. 时间与主题

（1）时间

即确定直播的时段及时长。一般而言，晚上7:00—12:00是用户活跃的高峰期，也是全平台主播在线的高峰时段，这一时段流量大，但竞争也尤为激烈。淘宝直播要求开播时间不得低于2小时，而带货主播通常每次直播持续4~6小时。

直播时长不宜过长或过短，以免影响粉丝增长。为了实现24小时不间断直播，门店可以将直播任务分为四个小组。例如，A组负责第一个6小时，B组负责第二个6小时，C组负责第三个6小时，D组负责第四个6小时。各小组轮流直播，以此确保门店24小时在线。

或许你会问，是否有必要如此紧凑安排？答案是肯定的。所谓"弯道超车"，意味着要超越别人，必须付出更多努力。如果只满足于与他人同等的努力，那么只能永远跟随。因此，品牌方不能懒惰，必须更加勤奋，只有延长营业时间、拓展营业空间，才能真正生存并取得成功。

（2）主题

在直播前，必须明确直播的主题：你打算做什么？你希望向顾客展示什么？顾客是否会对你的主题感兴趣？是进行才艺展示、带货还是教学类的直播？

在设定主题时，需要遵循两大原则：简单明了和符合顾客心理。同时，直播内容要贴近实际，满足顾客的需求。人们观看直播的原因多种多样：有人为了打发时间，有人为了特定目的，还有人因为习惯而观看。无论出于何种原因，最终都是被内心的需求所驱动。这些需求正是我们内容的导向，无论是为顾客提供实惠，还是提供信息和知识，抑或是满足顾客的陪伴、尊重和互动等社交需求。

2. 环境与设备

（1）环境

环境可分为三个主要类别。

第一类是场景环境：要求光线清晰、环境敞亮、可视物品整洁。这包括背景装饰、音乐、光线、机位、桌面摆设等。

第二类是网络环境：需要保证网络的稳定性。

第三类是App环境：涉及对焦和曝光的调整、美颜设置、横屏模式以及公告设置。

一个干净整洁的场景能够增强直播的专业感，提升顾客的好感。在正式开播前，应提前进行测试并设置好相关参数，以避免在关键时刻出现混乱。

（2）设备

直播设备的选择取决于直播的类型、场地和复杂性。

简单配置包括：

- 两部手机：一部用于直播，另一部用于客户服务。
- 带有圆圈灯的手机支架：用于基本的打光。
- 外置声卡：用于增强音效和提升音质。
- 外接麦克风：确保声音的清晰和洪亮。
- 电脑：用于运营活动和商品的上下架管理。

高级配置可以根据具体需要选择性地添加或替换以下设备：补光灯、监听耳机、提词器、4K摄像头、抠像绿幕、大屏幕、小蜜蜂扩音器或麦克风、数位板等。

补光灯的重要性不容忽视，它能够显著提升直播的视觉效果。良好的照明能够改善皮肤质感，使人显得精神焕发。在公司直播间中，两盏大型补光灯的使用，能够明显区分普通直播与专业直播的效果。

3. 话术、脚本、手卡与道具

话术和脚本将在后文中详细讲述。

（1）手卡

手卡包括台词卡和流程卡，它们有助于主播流畅地进行直播，防止因忘记台词或流程而造成的尴尬，是直播中的一个重要工具。

（2）道具

道具主要指的是样品。以"口红一哥""带货王"著称的李佳琦，拥有近千万个粉丝。他曾在一次直播中遭遇翻车事件。当时，他和助理正在直播展示一款不粘锅。李佳琦用他标志性的语言说道："oh my god，这绝对是一款既便宜又实用的不粘锅，各位女生千万不要错过了哦。"话音刚落，助理便将一颗鸡蛋打入加热的锅中，然而鸡蛋却粘在了锅底。助理尝试铲起鸡蛋但未能成功，李佳琦亲自尝试，鸡蛋依旧牢牢粘在锅底，场面变得相当尴尬。这种直播事故对品牌形象造成了不小的伤害，原本的宣传活动反而变成了一场公关危机。

4. 人员、分工与预热

（1）人员、分工

通常，商业直播需要由一个团队来完成。团队组建的关键在于选择合适的人员，并明确分工，确保每个成员都能各司其职。

- 主播：负责介绍商品，营造并控制直播间的氛围和节奏。
- 助理：负责体验商品，引导观众下单，活跃直播间氛围以及引导参与互动。
- 场外：包括摄像、导演、场务等角色，负责监控整个直播流程和直播情况，以及处理场外互动等事宜。
- 客服：在带货直播过程中，通常会有大量观众咨询商品信息，而主播通常难以独自应对。

以上只是一个基本的介绍，不同企业和品牌应根据自身的实际情况进行人员配置。

（2）预热

预热对于直播至关重要，如果预热不充分，可能导致开播时观众稀少，更遑论实现转化。一般而言，预热时间不应少于3天，以确保有足够的时间进行发酵。预热的方式包括个人主页预热、预热视频、站外预热、Dou++投放、封面和标题设计等。

　　如何制作预热视频？以我自己为例，在直播之前，我会录制一个预热视频，并可能会这样说："大家好，我是大商之道的招商专家王昕，今天晚上7:30，我将在直播间为你分享招商干货，晚上7：30，直播间不见不散。"

　　这只是一个通用模板，还可以从顾客痛点、激发好奇、直播亮点等角度，制作更具针对性的预热视频。

- 顾客痛点：引导观众关注直播。
- 激发好奇：激发观众对直播的兴趣。
- 直播亮点：吸引观众参与直播。

　　站外预热的实施方式包括但不限于：微信公众号、新浪微博、小红书等平台。

　　例如，李佳琦在直播前会提前发布海报、文字、短视频等预告，在微博、小红书等平台进行更新。站外预热的本质是整合各个渠道和流量，实现全面触达，集中引流。

5. 直播状态

　　每一次直播都应被视为一场演唱会，需要保持同样的兴奋和热情。通过屏幕，观众可以清晰地感受到主播的情绪状态。主播能否带动粉丝、影响粉丝，让粉丝停留、点赞、关注、打赏，进而进行购买和给予好评，状态的好坏在这一过程中起着至关重要的作用。

　　直播本质上是一次登台表演，没有状态就不做直播。

二、直播商品

　　如何组合直播商品？（见表12-1）

表 12-1　直播商品的品项组合

种类	占比	作用
引流品	10%	引流
炮灰品	20%	稳流
利润品	70%	变现

1. 引流品

引流品是指以超低价格快速吸引粉丝的商品。其目标有两个：一是提高在线人数；二是刺激新用户加入。

如何选择引流品？

引流品应具备三个特点：一是超高性价比；二是广泛的受众群体；三是高价格认知度。

超高性价比和高价格认知度相辅相成，能够迅速吸引受众的注意。广泛的受众群体是引流品的关键，受众范围越广，吸引的流量就越大，否则无法实现引流的目的。

2. 炮灰品

炮灰品是指用来承接各渠道引来的流量，并以高性价比解决顾客问题的商品，目的是获得顾客好评，促进顾客回购。

炮灰品同样强调高性价比，但与引流品不同的是，炮灰品的目标受众相对较为集中，专注于服务核心顾客群体。

3. 利润品

利润品是指用来提高直播间整体利润率的商品。与引流品和炮灰品相比，这才是直播的核心商品和关键环节。

并非任何商品都适合作为利润款。利润款商品应具备两个特点：一是销量稳定且经过市场验证；二是之前表现平平，但突然销量大增，具有潜力的伪爆款。

新品或想要主推的商品可以作为利润品吗？可以。在具体的直播过程中，可以根据情况灵活调整或增加利润品。这里提到的商品组合仅供参考，不应生搬硬套。

最后，用一个排品策略结束本节。

有了商品组合，如何进行排兵布阵？随意上架商品是错误的！

直播商品排品逻辑是：

引流品—炮灰品—利润品—引流品—炮灰品—利润品……

具体操作为：直播开始的前15分钟内，先推出一两款引流品以吸引人气。人气聚集后，利用炮灰品来承接流量，稳定销售，防止流量流失。当人气足够时，推出利润品来实现流量的变现。如果直播中途出现冷场或流量减少，可以再次推出引流品或炮灰品来活跃气氛，等到流量稳定后再推出利润品，如此循环。

三、直播脚本

一份合适的直播脚本是直播间走上正轨的必要条件，它可以让你的直播更加有趣，促进商品销售。掌握脚本是掌握直播间成交的关键。没有脚本，最好不要进行直播。

那么，什么是脚本？许多人将话术和脚本混为一谈，如开播话术与开播话术脚本，看似差别不大，实则大相径庭。

- 话术：话中有术，是询问与回答的艺术。
- 脚本：发展底本，是大纲和方向的规划。

对于直播而言，话术涉及"说什么"和"怎么说"。脚本的作用则在于梳理直播流程、管理主播的话术、管理商品分类、管理福利机制、优化直播流程，它侧重于提前统筹安排好每一个人和每一个步骤。

脚本可以分为单品脚本和整场脚本。

单品脚本：建议用表格形式呈现，将商品的卖点、利益点、引导语等清晰地体现在表格中。

整场脚本：包含单品脚本，是整场直播的脚本编写，是对直播流程的规划和安排，直播节奏的设计和把控。它包括时间、地点、商品数量、直播主题、主播、预告文案、场控、直播流程（时间段）等要素。

环节维度

- 开播暖场：欢迎粉丝，介绍主题。
- 引入话题：引入话题，介绍商品。
- 商品推广：推广商品，刺激购买。
- 中途互动：多维互动，持续暖场。
- 结尾促销：返厂演绎，明日预告。
- 下播强调：明日预告，关注主播。

时间维度

- 第1分钟：主播进入直播状态，进行签到，与先来的粉丝打招呼。
- 第2~5分钟：进行近景直播，与观众互动，并推出一两款爆款商品以吸引流量。
- 第6~10分钟：介绍今日新款和主推商品，激发观众期待。
- 第11~20分钟：快速介绍所有商品，展示商品特点，说明直播的整体流程。

- 第21~30分钟：推出一两款爆款商品继续吸引流量。
- 第31~180分钟：逐一推荐商品，每款商品介绍约5分钟。
- 第31~180分钟：根据直播间的具体情况，适时穿插介绍爆款商品。
- 第181~230分钟：对反响较好的商品进行返场演绎。
- 第230~239分钟：透露明日直播内容，并回答今日商品相关问题。
- 第239~240分钟：强调关注主播，提示明日开播时间及福利。

无论是从环节维度还是时间维度出发，都能确保直播有条不紊地进行。直播脚本应根据直播和商品的实际情况进行调整和丰富，不必严格模仿他人的脚本。脚本应有明确的流程和重点，确保自己能够理解并真正指导直播实践。

四、直播话术

关于话术，你必须了解的三个真相：

- 话术无处不在，任何需要交流的地方都存在话术。因此，话术有多种分类，包括但不限于欢迎话术、播报话术、感谢话术、下播话术、铺垫话术、引导话术、互动话术等。
- 适合自己的话术才是最好的。虽然借鉴他人的经验是必要的，但更重要的是在实践中不断挖掘、借鉴、应用和总结，从而形成自己的话术库。
- 在撰写直播话术时，不必追求面面俱到。应重点突出话术的结构性设计和核心亮点。主播在实际应用时，再根据具体情况，如观众群体和互动氛围，灵活运用。

话术的编写是有其特定套路的。以直播中关键的四大话术为例。

1. 开播话术

公式一：欢迎+带来+不容易

示例：欢迎各位观众加入我的直播间。今天，我特意为大家带来了一款你们期待已久的热销商品。这可是我们费了很大劲才争取到的，希望大家能够喜欢。

公式二：为什么来线上+直播间好处

示例：亲爱的朋友们，我们原本在线下拥有自己的工厂。由于疫情的影响，我们决定转战线上。当你进入我的直播间时，你已经跳过了所有中间环节，这里的商品价格将会是你意想不到的优惠。

公式三：目的+观念+优势+感兴趣点关注

示例：今天是我们首次尝试线上直播。我们的目的是提供最优质的商品和最真诚的服务。在线下，我们赢得了顾客的信任；在线上，我们将继续做你们值得信赖的商家和朋友。今天来到直播间的许多粉丝，从学生时代就开始支持我们，直到现在。为什么？因为我们始终坚持高品质和强服务。我希望大家不仅是因为高品质商品而来，更因为我们能成为长久的朋友。如果你认同我们的理念，请点一下关注，点亮粉丝灯牌，我们从此就是一家人了。谢谢大家的支持。

2. 留人话术

公式一：欢迎+关注+福利

示例：欢迎新加入的朋友们，请点击关注主播。当关注人数达到200时，我将为大家发放一个大红包。

公式二：欢迎+目的+互动引导

示例：欢迎因缘分相聚于直播间的朋友们，感谢这份缘分。如果你是为了娱乐而来，请在聊天区输入三个1；如果你是为了在抖音上赚钱，请输入三个2。

公式三：内容和某某相关+有没有+但是+互动

示例：今天我要分享的内容与这个话题高度相关。各位朋友们，你们中是否有人正准备创业，但目前感到迷茫？担心没有正确的创业方法，害怕在平台上无法取得成果，或者担心遇到熟人而感到尴尬？如果有上述情况的朋友，请在公屏上输入三个1。

3. 商品介绍

一个优质的商品介绍话术应具备三感：画面感、故事感、美好感。

（1）什么是画面感

我曾指导过一位从事艾灸行业的顾客，她销售一款艾灸香囊。她学会了如何巧妙地展示商品，并给我展示了一段栩栩如生的示范。她告诉我："王昕老师，我的艾灸香囊是一件珍宝。它可以悬挂在汽车的后视镜上。当驾驶员在长途驾驶中感到疲劳时，只需打开香囊，取出一颗艾灸球——这是由艾叶制成的小球——然后将其置于舌下含服，即可快速提神。同样，将艾灸球置于鼻前，进行深呼吸，也能立即让人清醒。此外，将艾灸香囊挂在孩子的书包上，在孩子上学途中可以起到驱虫和驱蚊的效果。同样，将其放置在老人的卧室中，也有助于空气净化，让老人能够享受更优质的睡眠。"

这就是画面感，通过商品使用的场景来描绘商品。

（2）什么是故事感

以我辅导过的一位顾客为例，他经营一个服装定制品牌，名为1891。这个品牌的名称源自他的外婆，她出生于1891年，并将她的手艺传给了后代。到他这一代，已经是第三代传人了。他告诉我，他的外婆最初是为朝廷制作朝服的。

这就是商品背后的故事。我们需要提炼商品的故事和起源，因为很多时候顾客购买的不仅仅是商品本身，还有它背后的故事。

再如，备受推崇的劳斯莱斯，其车标背后也有一段凄美的爱情故事。其中一个版本讲述了一段秘密的恋情。劳斯莱斯早期的车标"私语"，被用来隐晦地宣告他们的爱情。后来的车标"飞翔女神"，则代表了男主角以一种特别的方式向情人表达深情，并希望她成为最幸福的女人。

又如，西藏"三大圣湖"之一的纳木错，也流传着一段美丽的神话故事。在传说中，纳木错是念青唐古拉山神的妻子。然而，念青唐古拉有一天遇到了美丽的少女羊卓雍错，并与她坠入爱河，忘记了一切，包括正在等他回家的纳木错。纳木错以为丈夫遭遇了不幸，日夜哭泣，最终化作了一汪清澈的湖水。

故事的作用在于，它不仅便于记忆，还能帮助顾客更好地理解品牌的背景、文化和理念，从而对品牌产生认知和信任。

（3）什么是美好感

即顾客在使用商品后，能够想象并讲述出与之相关的美好生活场景。

商品话术可以通过一个公式来表达：

商品介绍话术=特点+所以+关键是+之前也有顾客+你想

示例：今天这件T恤，采用中国新疆的优质棉制成，耐洗、耐穿、耐高温。夏天穿上它，仿佛在身上放了一块薄冰，冰凉清爽。关键是，即使跑步出汗后，随便扔进洗衣机就能清洗干净。很多之前购买过的顾客反馈说，有了它，健身穿搭变得轻松无忧。你想一下，在炎热的夏天穿着不透气的衣服有多难受，而且穿完后还得手洗。但如果穿上这件T恤，既舒适又省心。

4. 预告话术

公式一：直播即将结束+商品即将下架+明日预告+点赞关注

示例：各位观众，我们的直播还剩5分钟就要结束了，今天所有的商品也即将下架。一旦下架，所有的优惠也将随之失效。所以，还未下单的朋友们，请抓紧时间下单。对于未能抢到心仪商品的朋友们，请不要担心，明天我们还将带来更多重磅商品，价格绝对惊喜。敬请期待！最后，别忘了点赞并关注我们的直播间！

公式二： 直播即将开始+粉丝群福利+最重要的是+最想要的+最期待的+独家商品+持续关注

示例： 亲爱的朋友们，我们的直播将在10分钟后正式开始。已经进入直播间的朋友们可以加入我们的粉丝群，享受专属的优惠和福利。今天，我们为大家准备了丰富的福利，但最重要的是，我们与品牌方联合推出了大家最期待的商品，这些商品是你们最想要的，且在其他地方难以购得。今天的价格更是史无前例的优惠。数量有限，先到先得，请大家保持关注，不要错过。

以上话术应根据实际情况进行调整，以符合自身风格。此外，还有一些互动性的顺口溜非常有效，可以用来暖场和活跃气氛，可以直接借鉴使用。

互动顺口溜

- 关注主播不迷路，主播带你上高速！
- 千山万水总是情，点个关注行不行！
- 榜一榜二带榜三，一看就知道不简单。
- 大金链子小金表，我家大哥就是吊。
- 美女人美心也美，点赞从不拖泥带水。
- 山外青山楼外楼，我们粉丝就是牛。
- 大哥大哥欢迎你，感谢来到我这里。
- 葡萄美酒夜光杯，快来刷座大奖杯。

- 今天话题很新鲜，感谢来到直播间。

- 百因必有果，下个富婆就是我。

- 不要金不要银，只要你的小红心。

- 红心飘一飘，出门捡红包。

- 黄瓜必须拍，人生必须嗨。

- 礼物刷一刷，活到八十八，关注走一走，能到九十九。

- ……

话术不仅要会写，更要会用。如何运用话术？我向大家推荐一个四步原则：死记、死背、死练、死说。简言之，就是要投入极大的努力。只有这样，我们才能培养出一个超级主播。

五、直播成交把控

直播间的成交非常关键，而直播成交的把控关键在于三个维度和三个限制。

1. 三个维度：什么时候适合成交

三个维度包括氛围、数量和新流量。

- 氛围：只有在氛围最热烈时，才最容易促成成交。提升氛围的常用方法有：送福利、送福袋、送红包、秒杀活动和互动游戏。

- 数量：只有当直播间的观众数量达到一定规模时，成交才有意义。如果直播间只有两三个人，那么努力的推销就变得徒劳。具体需要多少人开始成交，应根据企业自身情况来定。总之，不能过早或过晚揭露产品，要把握恰当的时机。

- 新流量：当直播间涌入一批新观众时，可以进行一轮成交尝试。

成交需要有固定的节奏，但也要灵活应对。

2. 三个限制：如何促成成交

- 先互动挖痛：通过互动了解观众的需求和痛点。例如，询问直播间中感觉自己皮肤有痘痘或色斑的观众，并让他们进行回应。

- 再抛干货：开始讲解如何护肤、如何养肤。销售什么商品，就分享与该商品相关的专业知识。例如，销售面包就讲解面包的制作技巧，销售服装就讲解服装的穿搭技巧，销售养生产品就讲解养生知识。

- 最后成交：当建立起专家形象后，就可以开始推荐商品，并在直播间的购物车中上架促成成交。

成交时的三个限制包括限量、限款和限价。

- 限量：例如，当有6位观众表示想要某商品时，就提供6份商品。这就是限量策略。

- 限款：明确告知观众，某款商品在直播间售完后将不再提供。这就是限款策略。

- 限价：提供商品的优惠价格，例如，原价1250元的商品，现价200元。这就是限价策略。

这三种限制本质上是饥饿营销的一种形式，即通过设定惊喜价格吸引潜在顾客，然后限制供应量，制造供不应求的热销现象。

未来直播的三大趋势

2023年，刘德华的一场直播在6分钟内观看人数超过千万，2小时内观看人数更是达到了1亿以上。这场直播不仅是刘德华个人的直播首秀，也标志着抖音直播达到了一个新的高峰。这一成就不仅归功于刘德华个人的号召力，也得益于前沿直播技术的大力支持，包括全4K制作流程、全竖屏摄制组和虚拟制作直播。

直播行业仍在蓬勃发展，一方面，各行业正纷纷进入直播领域，努力寻找适合自己的直播方式；另一方面，新技术为直播带来了更多可能性和想象空间。超级门店在打造"直播的基地"时，必须积极采纳直播新技术和新趋势。只有通过新技术为直播赋能，直播才能持续发展，"直播的基地"才能展现出真正的活力。

那么，未来有哪些直播新技术值得关注呢？

以下三种技术和趋势是打造"直播的基地"的品牌方和门店必须保持关注的：

- 4K/8K超高清直播。
- 虚拟人、数字人、虚拟数字人、数智人。
- VR/AR/MR/XR全景直播。

一、4K/8K 超高清直播

在游戏直播的激烈竞争中，直播画面的清晰度一直是平台竞争力的重要指标，斗鱼就曾凭借高清游戏直播而脱颖而出。显而易见，无论是现在还是将来，清晰度越高的平台将具有越大的竞争力。

那么，什么才是高清？这是一个相对的概念。就当前的直播技术而言，4K/8K代表了超高清直播的标准。

4K是指分辨率达到3840像素×2160像素，是传统高清视频分辨率的四倍。而8K则是指分辨率达到7680像素×4320像素，是4K视频分辨率的四倍。

目前，8K代表了全球电视技术的最高标准，它也被认为是"占据全媒体时代战略高地的关键技术"。例如，中国宇航员在神舟十三号任务中拍摄的太空纪录片就采用了8K技术。

尽管这些技术已经取得了突破：2017年，虎牙和斗鱼推出了蓝光直播，2021年快手宣布全面支持4K全景视频，同年B站（bilibili）也迈入了8K超高清时代，上线了多部8K视频，并开放了UP主上传8K视频的功能。

但是，技术的开发是一回事，实际应用是另一回事，而技术的全面应用则又是另外一回事。目前，许多直播软件仍然以1920像素×1080像素或1280像素×720像素的分辨率进行视频输出。因此，4K/8K技术仍然是直播竞争力的体现，这一点品牌方需要特别关注。对于个人直播来说，清晰度的要求或许可以不那么严格，但对于商业直播而言，细节至关重要，形象即品牌。

二、虚拟人、数字人、虚拟数字人、数智人

首先，让我们澄清这几个概念，大多数人对此可能还不太了解。

1. 虚拟人

具有人类的外观和行为模式，但身份是虚构的，在现实世界中并不存在。

例如，上海禾念的"洛天依"、字节跳动及乐华娱乐的"A-soul"、次世文化及魔珐科技的"翎_Ling"、世悦星承的"Vince"、燃麦科技的"AYAYI"、世悦星承的"Vila"、一几文化的"伊拾七"、百威投资集团及华纳音乐的"哈酱"、创壹视频的"柳夜熙"、爱奇艺的"RiCH BOOM 乐队"。

再如，2022年屈臣氏推出的虚拟偶像"imma"，香港雀巢咖啡推出的

全新虚拟代言人"Zoe"，他们都是虚拟人。

2. 数字人

具有人类的外观和行为模式，身份可以真实存在，即按照现实世界中的人物进行设定的。数字人英文名为Digital Human，中文意为"数字人类"，强调的是存在于数字世界。

例如，AI孙燕姿。

2023年4月，某科技博主上传的AI孙燕姿版《需要人陪》，网友惊呼"以假乱真"，播放量已超过200万人次，AI孙燕姿版的《不为谁而作的歌》也曾登上抖音热搜榜单。从某种程度而言，这就是数字人。但这仅是人设、形象、声音的局部数字化，并没有在身体各方面完全复制。

按照真人还原制作的数字人，也可以称为数字孪生，例如，数字王国制作的Digi Doug。

3. 虚拟数字人

具有人类的外观和行为模式，除此之外还拥有人的思想。

例如，火热的虚拟网红Lil Miquela，她在Instagram上拥有300多万个粉丝，许多人都以为她是真人，但她在现实中并不存在，是通过计算机虚构的，虚构的身份是生活在洛杉矶的一名19岁女生。

她很像虚拟数字人，但由于高度依赖人工，她的形象、情绪、观点表达、每个动作都是人为设定的。所以从某种意义上而言，她还是个虚拟人。如果通过AI技术实现自我思考、表达，那才是真正意义上的虚拟数字人。

4. 数智人

通过人工智能模拟出来的虚拟人类，能进行一定程度的智能语音交互、视觉识别、情感体验等。按照这个定义，数智人在一定程度上就是虚拟数字人，是智能程度有限的虚拟数字人。

他们之间的包含关系如下：

- 数字人包含虚拟人。

- 虚拟人包含虚拟数字人。

- 虚拟数字人包含数智人。

为什么要关注虚拟人、数字人、虚拟数字人、数智人？

以技术门槛最低的虚拟人为例，在直播层面，至少具备三大优势：

- 可实现24小时全程直播，为顾客提供更加便捷的服务，真人主播需要休息。

- 形象稳定可控，没有人设风险，真人主播的人设可能崩塌。

- 在大数据等技术的加持下，可以为顾客提供更具针对性的内容、商品和服务。

如此多的优势，品牌方自然青睐有加。尤其是形象稳定可控，在不确定的环境下，这是企业可以把控的确定性。想想那些寄予厚望却最终人设崩塌的明星，许多品牌方至今心有余悸。

此外，数字人的制作成本相对较低，还可以大大降低直播平台的运营成本。经济优势即商业优势。

如果换作数智人呢？那优势就更多了，可以在各个领域提供更加智能化、人性化的服务，为人类带来更加便捷、舒适的体验。

作为客服，数智人可以根据顾客的提问迅速找到答案，并且能够自我学习，提高答题的准确性和速度。作为医生助手，数智人可以帮助医生进行诊断，通过AI技术快速分析病人的症状和病史，提供更准确的诊断结果。作为金融分析师助手，数智人可以通过人工智能算法分析各类投资的风险和收益，为顾客提供准确的投资分析和建议。各行各业都将被其赋能甚至重塑。

三、VR/AR/MR/XR 全景直播

VR、AR、MR、XR这些术语，即使是非专业人士也很少了解。VR/AR/MR/XR全景直播是未来的趋势，我们必须清楚地认识到它们并给予足够的关注。

1. VR：虚拟现实

它是一个完全虚拟的、可交互的数字世界。通过穿戴相应的VR设备，用户可以体验到身临其境的沉浸感。各种游戏厅、娱乐场所中的VR体验馆正是利用了VR技术，让用户仿佛真的穿越到了另一个数字世界。

2. AR：增强现实

它将数字信息叠加到我们现实世界中。通过这种巧妙的融合，实现了虚拟信息和真实世界信息的"无缝"集成。

许多人可能已经体验过AR技术。例如，在2017年天猫双11晚会上，支付宝推出了一场名为"明星到你家"的AR互动活动，观众只需在手机上点击一个按钮，就能将一些明星"邀请"到自己家中进行拍照和互动。

AR技术是对现实世界的增强和补充。例如，当你在博物馆参观一幅字画时，没有AR技术你只能看到字画本身，但通过AR技术或设备，你可以获得更多信息，如这幅字画的创作过程、历史轨迹以及名人的评价等。

另一个例子是带有AR功能的导航系统，它将更多信息叠加到我们真实的道路环境中，为我们的生活提供便利。我们看到的仍然是原来的道路，但增加了很多提示和备注，为司机提供了超出现实世界的虚拟信息。

3. MR：混合现实

在AR的基础上，MR提供了更加沉浸式的交互技术。它的特点是真实世界和虚拟世界的实体共存，并能实时进行交互，这是一种非常革命性的技术。

如何区分这三者？有人形象地总结说，VR、AR、MR的区别就像梦到鬼、看到鬼和与鬼在一起的区别。梦到鬼是鬼出现在梦境中，看到鬼是鬼出现在现实中，而与鬼在一起则是鬼出现在现实中并可以进行各种交互。

4. XR：扩展现实

它指的是由计算机技术和可穿戴设备产生的所有真实与虚拟环境的结合以及人机交互。XR通过数字化手段增强我们的感官体验，以此来融入现实世界。

XR是一个总称，包括所有可以帮助我们融入物理世界和数字世界的技术，自然也包括AR、VR、MR。

总之，VR/AR/MR/XR全景直播使观众不再是被动的旁观者，而是可以身临其境地感受直播现场的氛围和真实感。许多主播已经在应用VR全景直播。至于XR全景直播，2021年李佳琦的直播间首次应用XR技术，让即使是小规模的直播场地也能展现出巨大的视觉冲击力，让观众体验到前所未有的视觉盛宴。

随着技术的发展和细节的完善，毫无疑问，VR/AR/MR/XR技术将变得更加精细和成熟，VR/AR/MR/XR全景直播将有很大的发展空间。由于其较高的技术门槛，VR/AR/MR/XR全景直播将成为品牌商业直播与普通大众直播之间的一个明显区别。

融招的道场

条条大路通罗马，千城万店在融招。

——王昕

第十四讲

千城万店的融招

何谓融？即融资。何谓招？即招商。融招的道场，即将门店转化为融资和招商的平台，意味着门店需要定期举办面向企业的招商沙龙活动。传统门店一周七天都在面向消费者（2C）销售商品；而超级门店则是一周六天半的时间面向消费者销售，剩余的半天则用于面向企业（2B）进行融资和招商，实现2C和2B的双重运营。

为何门店必须转变为融招的道场？原因在于，渠道为王，融招制胜。

一、渠道为王

营销界一直存在关于"王"的讨论。有人认为商品为王，有人支持渠道为王，有人声称流量为王，有人指出顾客为王，有人推崇模式为王，还有人声援内容为王。

从某种程度上说，这些观点都是正确的。它们之所以被广泛讨论和支持，是因为它们在某些企业中已被证明是成功的。

为什么会这样？

军事战略中有一个概念叫作"战略纵深"，指的是可供军队进行运动和斡旋的作战地域空间。在抗日战争期间，中国军民之所以能够取得艰苦卓绝的胜利，除了党的正确领导和军队人民的钢铁意志，战略纵深也起到了重要作用。中国幅员辽阔，日本每占领一个地方都需要分兵驻守，导致其兵力逐渐减弱；而中国军民则越战越勇，逐渐打入敌人的心脏地带，相对优势越来越明显。

将战略纵深的概念应用于企业，它指的是企业可以展开经营活动的市场空间。中国市场的许多产业规模都达到了上万亿，从一线城市到六线城市，各地区的经济发展、消费特点和购买力都有所不同。中国的战略纵深非常广阔，市场极其多样化，可以容纳各种成功模式：依靠商品、流量、营销等。

那么，在这些因素中，哪一个才是真正的"王"，对企业起到真正决定性作用的呢？答案是渠道。无论市场如何多样化，在当前这个竞争激烈的时代，渠道始终是企业的核心竞争力。

在竞争激烈的时代，商品之间的差异会越来越小，实际上很少有能够决定企业生死的商品差异，而更多的是营销上的包装差异。

在竞争激烈的时代，渠道永远不会过时，始终为王。你可以永远信赖渠道，也永远需要渠道。无论企业处于何种发展阶段，如果渠道存在缺陷，那就意味着存在致命的弱点。

小米与公牛插座的战争

小米插线板，你是否还有印象？这款首次配备USB接口的插线板一经推出，便以其独特的设计吸引了消费者的注意，彻底改变了人们对传统接线板的固有看法，让人们认识到原来插线板也可以如此时尚、精致。

在设计细节上，小米不遗余力，经过五轮设计迭代，外观设计的最终定型耗时长达7个月。在产品设计的每个细节上，小米都力求精益求精，追求工艺的极致。

在价格策略上，小米同样一鸣惊人，定价49元，仅为当时市场领导者公牛品牌价格的一半，直接对市场造成了冲击。

然而，尽管小米插线板在创意、细节、价格上都具有优势，尽管其设计精美，尽管一开始便以巨大的优惠力度推向市场，尽管得到了雷军等高层的大力支持，小米插线板在市场上的表现仍然不敌曾经被认为外观"过时"的公牛插线板。截至2018年，小米插线板的销售额为2.09亿元，而公牛的销售额已达到48.4亿元，两者相差甚远。

问题的根源在于渠道。

公牛电器迅速反应，仅用4个月时间就推出了与小米相对应的产品，并且定价比小米还要便宜1元，同样主打互联网销售。公牛凭借其广泛的终端渠道网络，能够对供应商和消费者施加影响。

因此，在竞争激烈的市场中，创意和技术只是入门的第一步。渠道才是决定胜负的关键。竞争对手可能很快复制你的创意和技术，但构建有效的渠道网络却需要时间和持续的努力。小米的创意和技术可以被公牛轻松模仿，但公牛的渠道优势却难以被小米复制。渠道建设需要一步一个脚印，层层累积。

2022年，公牛公布的上半年财报显示净利润达到15.8亿元，同比增长6.08%。财报指出，深化渠道改革和加强渠道优势是其业绩增长的主要原因之一，公牛在C端、B端和电商三大渠道上齐头并进，继续强化其渠道建设。

仅就C端而言，2022年上半年，公牛已在乡镇地区设立了超过7000家专卖店。除了在传统五金渠道上持续增长，公牛还拓展了包括3C数码店、潮玩店、精品书店在内的新渠道。

不只公牛，正新鸡排、绝味鸭脖、百果园、蜜雪冰城、娃哈哈等也是凭借渠道战略取得成功的典型案例。

🏪 蜜雪冰城：低成本策略下的盈利奇迹

以蜜雪冰城为例，虽然看似普通，不如喜茶、奈雪的茶那样引人注目，但其财务表现十分出色。蜜雪冰城的平均售价为6~8元，利润丰厚；相比之下，售价接近30元的奈雪的茶却面临亏损。

数据说明一切：

- 2019年，蜜雪冰城净利润为4.42亿元，而奈雪的茶亏损0.4亿元。
- 2020年，蜜雪冰城净利润达到6.31亿元，奈雪的茶亏损扩大至2.03亿元。
- 2021年，蜜雪冰城营业收入为103.5亿元，净利润为19.12亿元，而奈雪的茶的亏损进一步增加至4.61亿元。

再来看喜茶，2021年其营业收入为53.52亿元，而蜜雪冰城同年的营业收入为103亿元，利润率高达19%。为何蜜雪冰城如此强劲？有新闻报道，蜜雪冰城在2021至2022年新开了近15000家门店，是喜茶的30倍。

这充分展示了渠道的不可撼动地位。其他因素都是相对优势，而渠道是绝对优势。其他因素可以视为软件优势，渠道则是硬件优势。软件出现问题，可以简单重装解决；但如果硬件存在问题，强行启动可能会导致电路板烧毁。面对这种情况，企业要么错失机遇窗口，花时间准备好硬件再寻找机会；要么将软件授权他人使用，让他人帮助启动。

二、融招制胜

如何迅速构建渠道？是否存在快捷方式？答案在于融招。那么，如何实施融招？目前主流的渠道加盟模式有以下八种：低价加盟模式、整店输出模式、门店回购模式、代理模式、内加盟模式、直盟托管模式、联营加盟模式、店中店模式。

1. 低价加盟模式

低价加盟模式的主要内容见图14-1。

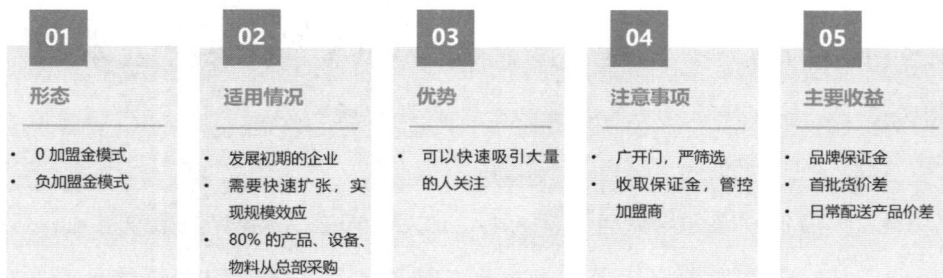

图14-1　低价加盟模式的主要内容

低价加盟模式包括零加盟金模式和负加盟金模式。其中，零加盟金模式是指品牌方不收取加盟费，以此应对市场竞争并迅速拓展市场；负加盟金模式则是零加盟金模式的进一步深化，通过减免加盟费来吸引加盟商。这两种模式背后的逻辑都是品牌方通过自我投入资金来经营。

瑞幸咖啡旗下的独立品牌——小鹿茶，其快速扩张正是基于这种低价加盟模式。公开资料显示，小鹿茶的加盟模式如下：总投资约40万元，其中保证金5万元，开业设备费用15万元，装修费用在7万~8万元之间（针对30平方米的店面）。

低价加盟模式必须在与品牌相匹配的商业模式下实施。否则，零加盟费可能带来的潜在风险将逐渐显现。尽管这种模式可能短期内吸引了大量加盟商，但由于未收取加盟费，品牌方缺乏足够的资金来支持加盟商，无法提供充分的扶持。这种以低价扩张为导向的策略最终可能会遇到盈利的上限，对品牌方和加盟商而言，这都可能是一个严重的打击。

2. 整店输出模式

整店输出模式的主要内容见图14-2。

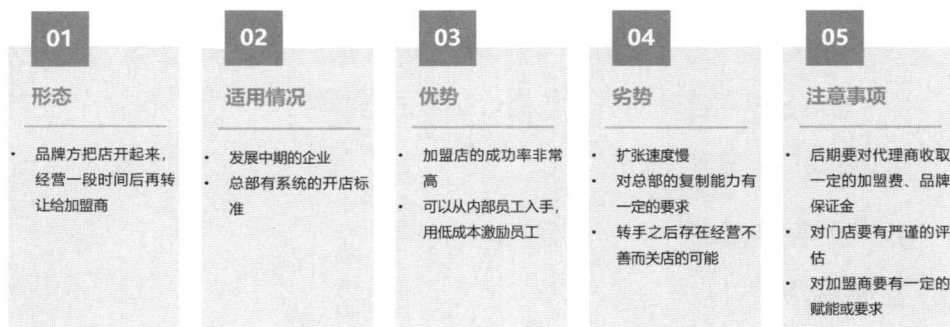

01 形态	02 适用情况	03 优势	04 劣势	05 注意事项
・品牌方把店开起来，经营一段时间后再转让给加盟商	・发展中期的企业 ・总部有系统的开店标准	・加盟店的成功率非常高 ・可以从内部员工入手，用低成本激励员工 ・转手之后存在经营不善而关店的可能	・扩张速度慢 ・对总部的复制能力有一定的要求	・后期要对代理商收取一定的加盟费、品牌保证金 ・对门店要有严谨的评估 ・对加盟商要有一定的赋能或要求

图14-2　整店输出模式的主要内容

整店输出模式是指将一个已经运营一段时间并且处于盈利状态的门店，通过与加盟商协商确定价格后，将整个门店包括店内员工和其他软硬件设施完全转让给加盟商，从而免除加盟商的经营管理负担。这种模式使得即使投资者缺乏行业经验，也能迅速上手，降低投资风险，因此广受加盟商的欢迎。例如，麦当劳和肯德基在进入中国市场之初，就采用了整店输出模式进行扩张。

美业知名品牌"樊文花"也采取了这种加盟模式。2013年，创始人樊文花将品牌从美容院转型为面部护理连锁店，创立了"商品+服务"的面部护理连锁新模式，开启了新零售时代。成功转型后的樊文花呈现出了良好的发展态势，仅用5年时间，全国门店就突破了上千家。

在门店数量达到0~100家时：

- 加盟店长：前100家店的店长中，有三分之一是樊文花的亲戚朋友，三分之一是前美容院的美容导师；随着门店的发展，又有三分之一的店长来自最早的十几家自营体验店的顾客。

- 合作方案：与店长签订兜底方案，若店面亏损，樊文花本人将承担所有亏损额。

当门店数量达到100~1000家时：

- 整店输出：公司投入200万元资金，招募10名店长，开设10家门店，用大约3个月的时间经营至盈利，然后与加盟商议价转让。

- 持续赋能：每开设20家门店，就在相应地区留下一名工作人员，为当地加盟商提供支持，帮助这20家门店存活并学习如何经营得更好以及如何提升业绩。

3. 门店回购模式

门店回购模式的主要内容见图14-3。

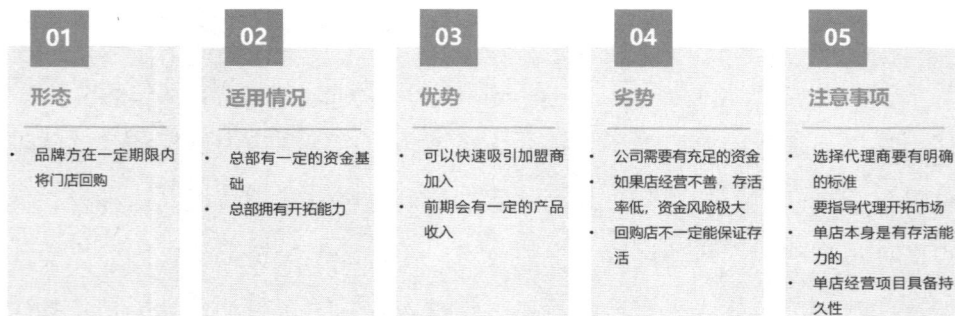

01 形态	02 适用情况	03 优势	04 劣势	05 注意事项
品牌方在一定期限内将门店回购	总部有一定的资金基础 总部拥有开拓能力	可以快速吸引加盟商加入 前期会有一定的产品收入	公司需要有充足的资金 如果店经营不善，存活率低，资金风险极大 回购店不一定能保证存活	选择代理商要有明确的标准 要指导代理开拓市场 单店本身是有存活能力的 单店经营项目具备持久性

图14-3　门店回购模式的主要内容

正如天猫和淘宝提供的"7天无理由退货"政策让消费者能够无忧无虑地进行购物，门店回购模式同样能够为加盟商提供创业时的无忧保障。

4.代理模式

代理模式的主要内容见图14-4。

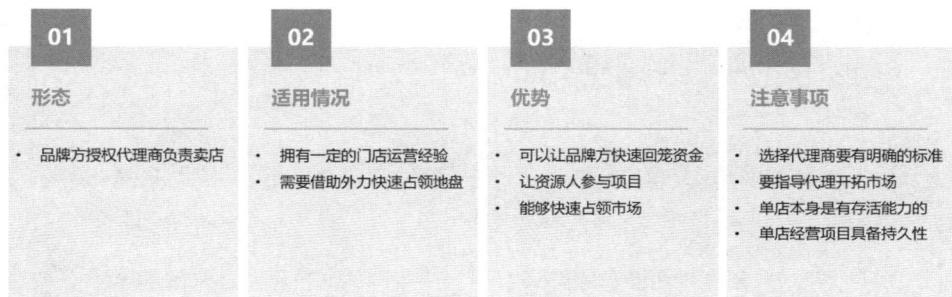

01 形态	**02** 适用情况	**03** 优势	**04** 注意事项
• 品牌方授权代理商负责卖店	• 拥有一定的门店运营经验 • 需要借助外力快速占领地盘	• 可以让品牌方快速回笼资金 • 让资源人参与项目 • 能够快速占领市场	• 选择代理商要有明确的标准 • 要指导代理开拓市场 • 单店本身是有存活能力的 • 单店经营项目具备持久性

图14-4　代理模式的主要内容

代理模式是一种分区销售的策略，将市场划分为省级、市级、区级等不同层级的代理区域，并为每个层级设定明确的加盟费，例如，省级代理加盟费为300万元，市级代理加盟费为200万元，区级代理加盟费为100万元等。

对于品牌方来说，这种模式便于集中资源进行市场整合和开发。加盟商投入资金后，他们的关注度和投入自然会集中在所代理的市场区域，从而帮助品牌方迅速拓展市场。

如果你希望进入不熟悉的市场领域，代理模式是一个值得考虑的选择。然而，在采用代理模式招商时，需要注意以下四点：

- 严格筛选代理商，防止某些代理商仅购买区域权利而不进行实际的市场开拓活动。

- 品牌方应指派专人指导代理商开发市场。一些代理商可能拥有资源，但不清楚如何有效利用。为了实现双方共赢，品牌方需要派专人帮助他们分析资源，并组织招商活动，以实现资源的有效转化。

- 单店必须具备独立生存的能力。如果门店本身无法独立存活，即使出售了区域代理权，也无法实现自我扩张，吸引更多加盟商开店。
- 单店的经营项目应具有可持续性。缺乏持久性的项目将导致门店难以持续销售商品。

5. 内加盟模式

内加盟模式的主要内容见图14-5。

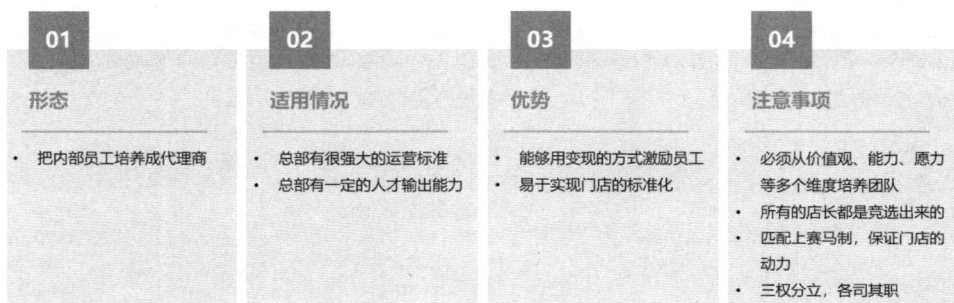

01 形态	02 适用情况	03 优势	04 注意事项
· 把内部员工培养成代理商	· 总部有很强大的运营标准 · 总部有一定的人才输出能力	· 能够用变现的方式激励员工 · 易于实现门店的标准化	· 必须从价值观、能力、愿力等多个维度培养团队 · 所有的店长都是竞选出来的 · 匹配上赛马制，保证门店的动力 · 三权分立，各司其职

图14-5　内加盟模式的主要内容

内加盟模式是针对企业内部员工的加盟方式，可以视为员工的一种内部创业途径。当员工认同公司文化和价值观，具备相应的能力，有强烈的意愿、一定的启动资金，以及良好的抗压能力时，内加盟模式便显得尤为适宜。

实施内加盟模式时，必须确保三权分立，各司其职：品牌方负责提供支持，投资方负责资金投入，店长负责店面管理，三方相互支持，共同发展。

连锁企业如喜家德水饺、百果园等已经开始采用这种模式。喜家德水饺的优秀员工年收入可达千万元，这与其独特的"358"内加盟模式密切相关。

- "3"：所有店长考核成绩排名靠前者，可以获得3%的干股收益。干股指的是一种分红权益，员工无须出资购买。

- "5"：如果店长成功培养出新店长，并且新店长符合考评标准，原店长即有机会成为区域经理，并在新店长所开的店面中"投资入股5%"。

- "8"：如果一名店长能够培养出五名店长，并且这些新店长均符合考评标准，那么原店长在新开店面中的"投资入股比例"可增加至8%。

通过实施"358"模式，喜家德成功降低了优秀人才的流失率，使其低于行业平均水平。员工在喜家德的平台上共同奋斗，实现了自己当老板的梦想。

6. 直盟托管模式

直盟托管模式的主要内容见图14-6。

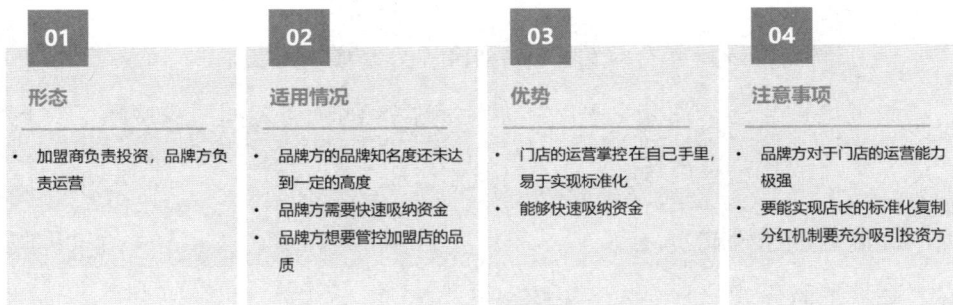

01 形态	**02** 适用情况	**03** 优势	**04** 注意事项
• 加盟商负责投资，品牌方负责运营	• 品牌方的品牌知名度还未达到一定的高度 • 品牌方需要快速吸纳资金 • 品牌方想要管控加盟店的品质	• 门店的运营掌控在自己手里，易于实现标准化 • 能够快速吸纳资金	• 品牌方对于门店的运营能力极强 • 要能实现店长的标准化复制 • 分红机制要充分吸引投资方

图14-6　直盟托管模式的主要内容

许多创业者在选择加盟模式时面临这样的抉择：是倾向于重直营而轻加盟，还是倾向于轻直营而重加盟？重直营意味着较大的资产投入，虽然发展步伐稳健，但在资本市场当前追求快速回报的环境下，可能缺乏足够的发展动力。而如果过于重视加盟，则可能面临加盟商管理松散的问题，甚至有些加盟商可能与品牌方背道而驰，损害品牌声誉。直盟托管模式因其服务半径小、运营成本低等优势，有效规避了这些问题。

直盟托管模式的核心是加盟商负责投资，品牌方负责日常运营，这可以视为一种零成本的融资开店方式。那么，如何有效实施直盟托管模式呢？海澜之家是这一模式的先行者。

海澜之家的直盟托管模式主要包括以下六个方面：

- 加盟商放弃经营权，门店实行严格统一的标准化管理，加盟商仅负责投资，不参与店面的日常管理。
- 加盟商支付100万元保证金，5年后无息退还。
- 加盟商投入100万元作为启动资金，用于支付场地租金、装修等费用。
- 向加盟商承诺5年内税前利润达到100万元，即年化收益率为10%。超出部分归加盟商所有，若未达到预期利润，海澜之家将补足差额至10%。
- 加盟商开设一个专门的银行账户，门店每天的营业额中有32%汇入该账户。
- 加盟商不承担库存风险，享受100%的退换货政策。

通过这种模式，海澜之家给予加盟商优厚的待遇，同时深度控制终端门店，最终成功拓展市场。

7. 联营加盟模式

联营加盟模式的主要内容见图14-7。

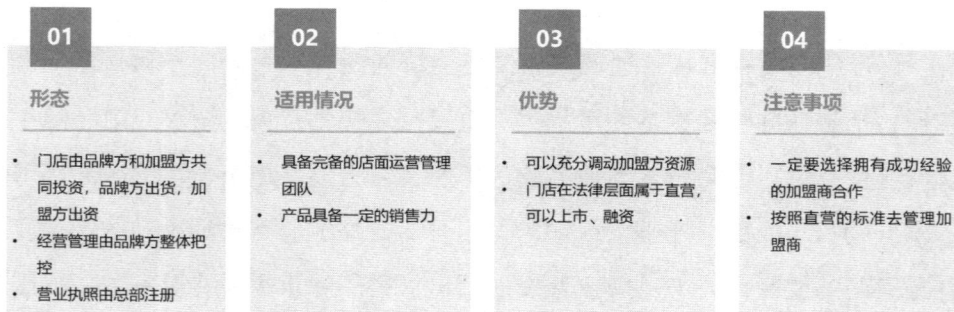

01 形态	02 适用情况	03 优势	04 注意事项
· 门店由品牌方和加盟方共同投资，品牌方出货，加盟方出资 · 经营管理由品牌方整体把控 · 营业执照由总部注册	· 具备完备的店面运营管理团队 · 产品具备一定的销售力	· 可以充分调动加盟方资源 · 门店在法律层面属于直营，可以上市、融资	· 一定要选择拥有成功经验的加盟商合作 · 按照直营的标准去管理加盟商

图14-7　联营加盟模式的主要内容

在联营加盟模式中，品牌方担当门店的经营角色，凭借专业的管理经验和前瞻性的决策能力，能够充分利用加盟商的资源，确保门店的持续经营。加盟商无须投入大量的时间和精力，便能够轻松获得收益。

名创优品是联营加盟模式的典型案例。在2016—2017年的短短两年内，名创优品的全球门店数量迅速突破了1100家。

- 合作期限设定为3年，合作期满后，商品保证金将全额退还。
- 加盟商需要支付品牌使用费和商品保证金。对于单一门店合作，品牌使用费为15万元，商品保证金为75万元；对于3家以上门店的合作，每家门店的品牌使用费为10万元，商品保证金为70万元。
- 名创优品负责承担库存风险。公司将负责安排所有商品，并在3年内持续提供商品，加盟商无须额外支付进货费用。
- 加盟商负责门店的日常开支。在3年的合作期内，加盟商需要承担门店转让、装修、租赁、水电、员工工资、工商税务等费用。
- 收益分红实行次日分配。加盟商每日可获得前一日营业额的38%（食品、饮料为33%）作为收益。

通过这种联营加盟模式，名创优品成功构建了一个互利共赢的盈利生态链。

8. 店中店模式

店中店模式的主要内容见图14-8。

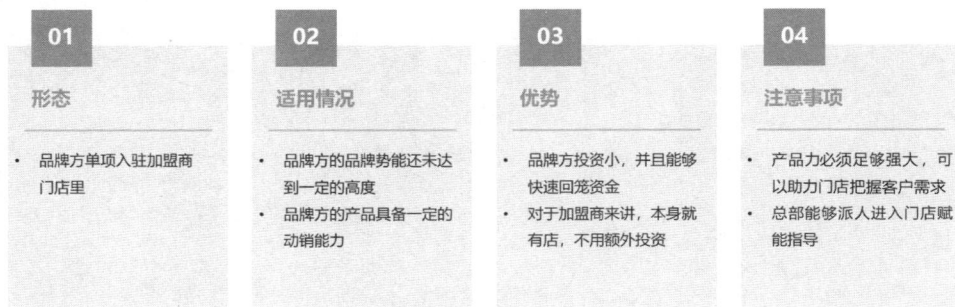

01 形态	02 适用情况	03 优势	04 注意事项
• 品牌方单项入驻加盟商门店里	• 品牌方的品牌势能还未达到一定的高度 • 品牌方的产品具备一定的动销能力	• 品牌方投资小，并且能够快速回笼资金 • 对于加盟商来讲，本身就有店，不用额外投资	• 产品力必须足够强大，可以助力门店把握客户需求 • 总部能够派人进入门店赋能指导

图14-8　店中店模式的主要内容

店中店是指在现有的商店中开设的独立店铺，目前已成为许多商场和门店中较为成功且互利共赢的商业模式。这种模式下，不同商品可以相互吸引顾客，有效降低获客成本。更为重要的是，店中店具有成本低、自然流量大的特点，对于加盟商而言，从心理层面上，它是一种灵活且风险较低的创业选择。

这些便是主流的渠道加盟模式，企业应根据自身实际情况创新性地加以应用。

那么，具体应如何实施？或者说，在执行"融招制胜"的战略任务中，门店应当承担什么角色？门店应被打造成融招的场所，持续、坚定并稳固地执行"每周在店内举办一次融招会"的策略。

实际上，门店不仅仅是一个销售场所，它的角色至关重要，不仅作为销售终端接触顾客、交付商品、转化会员，更是战略性的起点，承担着企业"融招制胜"战略任务的重要角色。正如星星之火，可以燎原，门店正是这样的火种。这正是将门店打造成融招道场的根本原因。

直击"融招的道场"的通关路径

如何将门店转变为融招的道场？归根结底，关键在于组织好每一场融招会。

一个成功的融招会始于精心的策划。策划应包括以下内容：活动形式、地点选择、主题设定、宣传方案等。然而，仅仅了解这些是不够的，若想确保融招会的系统性成功而非偶然性成功，还需要在阶段、主题、剧本、准备等方面进行系统化的准备。

一、阶段

阶段，即融招中顾客升维的三个阶段，简称融招三阶段：

- 将顾客升级为会员。
- 将会员升级为创客。
- 将创客升级为股东。

1. 将顾客升级为会员

将顾客升级为会员的核心在于商品和服务的质量。顾客之所以愿意成为品牌方的会员，是因为他们能享受到独特的商品和服务。然而，许多企业之所以难以吸引或保持会员活跃度，往往是因为过分依赖销售话术和方法，而在商品和服务上的投入不足。

要改善商品需下足功夫，提升服务需巧妙设计。以下是四个提升服务的思路，希望能为你提供启发：

（1）让利于会员

提供优惠，帮助省钱。省钱是顾客永恒不变的需求。有些顾客省钱是出于节俭，有些则是为了彰显身份。会员专享价本身就是一种身份的象征。天猫88会员、亚马逊Prime会员、开市客会员等都是这方面的典型案例。

亚马逊 Prime 会员可以享受特定商品的折扣

- 图书：8折。
- 家用电子和小家电：7折。
- 音乐：6折。
- 电影和游戏：5折。

这些折扣并非一成不变，会根据活动有所调整。

（2）会员服务升级

提供会员特权服务。例如，积分兑换、会员礼物、生日礼物等。只要用心，可升级的服务项目繁多，前文已系统性地介绍过。

作为 Prime 会员，除了折扣，还可享有的特权

- 免费包邮。
- 提前参与限时抢购。
- 免费试听音乐。
- Amazon Key送货到家服务。
- Prime Wardrobe服装试穿服务等。

（3）开展会员活动

包括VIP专享回馈活动和VIP沙龙。在"社交的平台"相关章节中，我们已经讨论了社交作为基本需求，活动则是社交的场所。

（4）降低会员门槛

减少顾客在成为会员过程中遇到的麻烦和障碍，简化流程。例如在价格上，不要设置高额的入会门槛，可以低至充值100元即可成为会员。在信息提供上，要突出关键信息，避免信息过载，让顾客能够迅速把握要点。品牌方需要尊重顾客的时间，简化步骤，减少不必要的填表环节，因

为每一步多余的操作都会增加成本和顾客流失率。

2. 将会员升级为创客

将会员升级为创客的核心策略在于情感和系统。

情感意味着与顾客建立深厚的关系，将品牌方的代表塑造成顾客的"自己人"。在"自己人"效应的影响下，会员升级为创客的过程将变得更加容易和顺畅。

"自己人"效应是社会心理学中的一种现象，指的是人们更倾向于信任和接受"自己人"的意见。如果意见来自非"自己人"，则可能遭到抵触。因此，要说服他人，首先要成为他们的"自己人"。

如何成为顾客的"自己人"？心理学提供了答案：增加曝光度。

曝光效应，也称为多看效应，是心理学中的一个现象。20世纪60年代，心理学家扎荣茨通过实验证实了多看效应的存在。他邀请参与者观看不同频率出现的照片，结果显示，出现频率越高的照片，参与者对其的喜好程度也越高。

多看效应告诉我们，一个人在我们视线中出现的频率越高，我们越可能对其产生好感。同样地，如果想要他人喜欢我们，我们应增加在他们面前的出现频率。这对品牌方和服务人员同样适用，可以通过举办活动和创造机会来增加顾客对我们的了解。在某种程度上，品牌宣传就是通过增加曝光度、打卡和接触顾客来实现的。

因此，优秀的品牌方和服务人员应不断寻求增加和创新与顾客的互动方式，而不仅仅依赖传统手段。一个残酷的现实是，你所谓的创新服务，如会员日、生日庆祝、节日活动、周年庆典等，可能只是你竞争对手的基本配置。

因此，品牌方需要建立专属的组织，如"某某会"，聚集会员，并带领他们参与各种活动。对会员来说，这是对他们生活方式的一种经营；对品牌来说，这是在加强品牌形象和积累品牌价值。

系统指的是什么？系统涉及创客的加入方式、级别划分、成长路径和激励机制。无论情感多么深厚，曝光频率多么高，都需要一个健全的系统来支撑。

社会心理学家霍曼斯认为，人际交往本质上是一种社会交换过程。也就是说，双方能否持续交往取决于彼此能否满足对方的需求，能否实现互惠互利。

因此，品牌方需要明白，提升存在感只是手段，真正核心的是被需要的、能够提供价值的系统，这才是与会员建立长期关系的关键。

在创客的加入方式上，应避免单一化，建议采取以下三种方式：

- 通过推荐和分享升级成为创客。
- 直接购买成为创客的资格。
- 通过一定金额的消费升级成为创客。

对于创客的分级、成长和激励体系，应避免过于复杂，关键在于把握以下十个字的原则：体现差异性，突出优越性。这有助于激发创客的积极性和忠诚度。

3. 将创客升级为股东

将创客升级为股东的核心驱动因素是利益和梦想。梦想是激励人心的最佳动力，紧随其后的是利益，尤其是在招募合作伙伴时，需要他们跟随自己共同奋斗。

在招募合作伙伴的过程中，必须能够构建梦想，优秀的领导者必须是梦想的构建者。

华为的任正非在1994年就设定了目标，希望在未来的通信市场中，华为能够占据重要地位；阿里巴巴的马云在公司成立之初就立志要打造一家世界级的互联网公司。

然而，构建梦想并不是为了欺骗人们，而是为了共同的事业。真正的梦想是内心真正渴望的，是已经在付诸行动的，并且将来还要继续追求的。否则，所谓的梦想家最终将无法实现他们的梦想。

从会员到创客再到股东，这是一条招募合作伙伴的路径，涉及三种顾客身份、三个融招阶段、三种融招重点。会员是来消费的，创客是来分享成功的果实的，而股东则是一起来实现梦想的。

二、主题

主题是融招会议的核心，它不仅是会议的举办理由，也是会议内容的精髓。

将门店打造成融招的道场，意味着每周一次，每次2.5小时，每月共四次，组织有投资意向和潜力的会员，像排排坐的小板凳一样，坚定、坚持、坚固地实施"每周在店内举行一次融招会"的策略。因此，拥有丰富多样的主题至关重要。

许多人一提到融招，首先想到的就是招商会，而对于其他形式则知之甚少。这就是为什么他们发现融招如此困难。

招商会是招商组织通过举办各种类型的会议，向外界介绍、宣传、推广自身的投资环境和招商项目，促进沟通，建立联系，以吸引客商前来投资的一种招商引资活动。

除了招商会，融招还可以采用许多其他主题，常见的融招主题有以下八种：

- 座谈会。
- 名媛会。
- 茶话会。
- 学习会。

- 禅修会。

- 股东会。

- 创富会。

- 商机会。

1. 座谈会

座谈会是在一个特定的场合中，与会者围坐在一起，通过意见交流和问题探讨，共同讨论某个话题或解决某个问题的形式。常见的座谈会包括学术座谈会、时事座谈会、调研座谈会和专家座谈会。其中，专家座谈会尤为常见，专家们到场后，参与者可以向他们咨询问题并听取专业意见。

2. 名媛会

"媛"指的是美女，"名媛"通常指上流社会的女性。名媛会，也称为名媛盛典，是一种在欧洲、港台等发达地区流行的活动，专门为高素质女性服务，旨在丰富她们的生活，并从健康、美丽、情感等方面关爱女性。该会议提倡努力工作、快乐生活的理念，鼓励女性成为身心健康、懂生活、会生活的现代女性。名媛会的形式多样，包括但不限于时尚派对、大型酒会、主题沙龙、嘉年华和文艺表演等。

3. 茶话会

茶话会，正如其名，是一种以饮茶和谈话为主的聚会。虽然听起来简单，但实际上它是一种现代流行的社交形式，起源于茶会和茶宴。茶会是旧中国商人在茶楼进行交易的集会，他们边饮茶边交流商业信息；茶宴则是一种以茶代酒的宴请形式，早在三国时期就已存在。现代的茶话会形式更加随意，不仅包括茶，还有水果、小吃、糕点等，更注重在轻松的氛围中进行交流和谈话，这是茶话会的核心。

4. 学习会

学习会，也称为研习会，是围绕某一学科或领域，由一组人员和学习者共同参与的集中学习和研讨活动。

品牌方可充分利用学习会，如组织学习穿搭、化妆、商品使用、手工艺术、知性生活、沟通技巧、创业知识以及培养高情商等。这些活动不仅有助于增加曝光率和加强与顾客的联系，而且对提升品牌形象也大有裨益。

5. 禅修会

禅修会是围绕禅修主题的会议，通过沉思和冥想来达到内心的平静和精神上的洞察力，深入探索内心世界，观察自身的思想、感觉和情绪，以更好地理解自我，消除负面情绪，培养广泛的正面情感。

例如，服装品牌吉祥斋经常组织顾客参加禅修活动。吉祥斋的定位不仅仅是一个服饰品牌，更是一个东方文化体验馆。我们也可以通过组织会员禅修，向他们讲授《道德经》《庄子》《了凡四训》等传统文化经典。

6. 股东会

股东会，即股东大会，是一种会议形式，同时也是企业的决策机构，因为企业所有重大的人事任免和经营决策通常都需要股东会的认可和批准。

在融招的背景下，股东会并不像上市公司或跨国公司那样正式和刻板。它更多是指让现有股东参与会议，同时让有意向加盟的新股东观摩，以此促成更多新股东的加入。股东会是一种独特而新颖的融招会议形式和成交手段，它让老股东从旁观者变成参与者。

7. 创富会

创富会是指旨在引导会员或成员创造财富的会议。例如，第三届中国农业创富大会暨2020年乡村振兴青岛峰会便是一个旨在带领广大农民和市民共同创造财富的盛会。

无论是对个人、行业、产业还是社会而言，创造财富始终是一个核心议题，因此创富会始终具有其必要性。

8. 商机会

商机指的是能够产生利润的机会。商机会则是品牌方向会员公布商机的会议。与招商会相比，商机会更加注重顾客的需求，从顾客的角度出发，因此更容易被顾客接受。

每个主题都对应着一个融招的理由。除了上述的八大主题和理由，还可以有更多的理由。核心目标是每月四次，每周一次，每次2.5小时，邀请有投资意向和开店意向的顾客到店中，为他们举办半天的会议，进而促成合作，成为合作伙伴。

简单计算一下，如果每次成交金额为30万元，那么一个月四次就是120万元。这样的门店，不计日常销售，单算融招会的成果，就已经达到了百万元业绩。由此可见，融招的重要性不言而喻。

三、剧本

融招剧本是举办融招会时品牌方讲述内容的指南。

正如剧本是电视剧的核心，优秀的剧本能够成就一批新演员，但即便是当红演员也无法挽救一部糟糕的剧本，融招剧本同样是融招会的核心，对融招会的最终成效起着决定性作用。

一个详尽且引人入胜的融招剧本，必须包含以下六项关键要素的塑造：

- 第一项：我是谁。
- 第二项：痛点。
- 第三项：案例。

- 第四项：美好。
- 第五项：合作方案。
- 第六项：现场方案。

第一项：我是谁

"我是谁"需要从三个角度进行塑造。

首先，要讲述过去的"惨"。通过分享过去的经历，如出身贫寒、白手起家、负债经营、摆摊创业等，以及所经历的各种困难和挑战，来引起听众的共鸣。

其次，要展示现在的"牛"。利用当前取得的成绩来建立信任。在融招会上，应充分展示目前的成果，无须过分谦虚。只有展现出成功者的形象，人们才会相信跟随你能成就事业。

最后，要描绘未来的"梦"。用未来的愿景来吸引他人加入你的事业。要让大家明白，今天的你是谁并不重要，重要的是三年、五年甚至十年后你能成为什么样的人。

从过去到现在到未来，这一系列塑造构成了一个完整的人生故事线。

第二项：痛点

痛点是指市场上尚未得到充分满足，而顾客迫切需要解决的需求。对痛点的分析可以从以下三个角度进行：

首先，从行业角度来看，行业痛点是指整个行业内普遍存在的问题。以食品行业为例，安全与健康问题就是行业痛点。例如，三聚氰胺事件给国民留下了深刻的印象，成为难以消除的痛点。

其次，从顾客角度来看，顾客痛点是指消费者在使用产品或服务过程中遇到的问题。以果蔬商品为例，顾客痛点在于商品的不纯正，如大棚种植导致果蔬失去原有的风味，以及为了防虫和催熟而使用的农药和激素。

最后，从代理角度来看，代理痛点是指代理商在经营过程中遇到的问题。以水果行业为例，水果代理的痛点在于高损耗、低毛利和困难的源头采购。

通过从这三个角度清晰地识别痛点，我们可以根据这些痛点重新定义行业，采用新的商业模式，为行业、顾客和代理商提供解决方案。这不仅能够解决行业难题，为顾客提供价值，还能为代理商创造商机。

第三项：案例

案例是最有力的说服工具，它们具有强大的说服力。无论是教学还是商业领域，案例都是不可或缺的。案例的塑造可以从三个角度进行：C端、B端和同行。C端代表顾客，B端代表商家，而同行则指同行业的其他品牌。这三个角度的丰富性和完整性能够使企业形象更加清晰、生动和可靠，从而更容易吸引人们进入特定的场景。当与会人员听到这些案例时，他们可能会对你的事业产生"大有可为"和"愿意追随"的印象。

对于案例，我们应该认识到它们不仅是企业的一种武器，也是企业的宝贵资产。有时，连续数日的推销可能不如一个精心挑选的案例来得有效。因此，在企业经营过程中，应不断搜集和总结案例，以备不时之需。

第四项：美好

美好，指的是对未来美好生活的勾画和描绘。

探讨美好生活的重要性在于，它是人类永恒且毕生的追求，是每个人自出生起就必须面对的基本问题。美好不仅是个人的动力，也是社会进步的推动力。正是对美好生活的向往，激励人们不断努力，推动社会不断前进。

描绘美好生活可以从三个角度入手：个人、家庭和事业。

个人角度，指的是创业或经营企业后，个人所经历的变化。例如，能力的提升、心性的修炼、意志的磨炼、见识的增长和人生视野的拓展；这些变化使个人生活更加圆满，从而变得更加美好。

家庭角度，指的是对家庭产生的积极影响。例如，孩子见证了父母的努力和勤奋，父母在精神上成为孩子的榜样，在物质上为孩子提供更好的生活条件，在人际关系上带领孩子拓宽视野，增加孩子的社会经验；这些正面作用使家庭生活更加和谐，从而变得更加美好。

事业角度，指的是对事业带来的积极变化。例如，个人目标的明确和精神状态的饱满；员工方向的清晰和工作热情的高涨；公司整体的蓬勃发展和稳步前进。所有这些都预示着事业的繁荣和进步；这些成就使事业更加成功，从而变得更加美好。

第五项：合作方案

合作方案是招商活动的核心，招商的成功与否，往往取决于方案的优劣。一个优秀的方案能够确保招商活动的顺利进行，而一个糟糕的方案则可能导致所有的努力都付诸东流。

如何制定合作方案？可以从三个角度来考虑：渠道方案、代理方案和会员方案。

渠道方案：针对有意向成为我们渠道合作伙伴的顾客，我们提供省级代理、市级代理、区县级代理等多种合作模式。

代理方案：对于有意向成为代理商的顾客，我们提供门店代理、加盟代理、店中店代理、标准店代理等多种代理形式。

会员方案：对于有意向成为会员的顾客，我们提供入门会员、联盟会员、代理会员等多种会员等级。

总而言之，无论是资金充裕还是资金有限，都有相应的合作方式。关键在于让顾客先参与进来，然后共同前进，先完成合作的初步阶段，再逐步完善。在实践中发现问题并及时调整，在行动中不断优化，成为行动上的巨人，而非空想上的巨人，行动上的矮子。

关于合作方案的详细内容，可以参考我的著作《写好招商方案的22项修炼》。这本书系统地介绍了如何从零开始撰写招商方案，并提供了10套可供选择的招商方案模板。

第六项：现场方案

现场方案指的是激励现场成交的策略。现场是关键的交易场所，其重要性不言而喻。

现场方案的制定可以从以下三个角度着手：当下有礼，错过不再，限时限人。

当下有礼：签约即享福利。许多顾客通过这种方式获得了显著的成效。虽然人们以理性思考，但决策往往受感性驱动。即使是小礼物，也可能产生巨大的影响。

错过不再：人们害怕错过，因为得到与失去的心理价值不对等。得到可能不会带来太多快乐，但错过会带来痛苦。例如，目前我们正处于商机的初期阶段，原本需要五万元、十万元、二十万元的投资，现在我们以两万元、三万元、四万元的价格提供加盟机会。机会一旦错过，价格将回升至五万元、十万元、二十万元。今天不下单，就意味着失去了一个宝贵的机会。

限时限人：通过营造稀缺感来激发购买欲望，实现饥饿营销。稀缺意味着珍贵和畅销。因此，制造稀缺感至关重要。稀缺原理表明，资源越稀缺，人们的竞争就越激烈。有人甚至认为，市场上最高级的营销策略就是创造稀缺效应。由此可见，稀缺感的重要性。

以上就是现场方案的六个塑造要点。塑造是关键，但更重要的是反复练习。首先，准备一份逐字稿，逐字背诵；然后，将提纲制作成PPT，并在现场进行演练。

四、准备

流量的中心靠搭建。准备就是"融招的道场"的构建。

在传统会议中，会场的搭建首先需要考虑的是场地的选择。然而，融招的道场就设在门店内，因此场地问题无须过多考虑。一方面，这样可以避免不必要的开支；另一方面，门店作为商品交付的场所，可以让与会者直观地看到并体验商品的陈列、门店的设计以及整体的风格，这对于融招来说，是最佳的场地选择。

其次，需要考虑的是会场的座位布置，这是一个需要细致考量的问题。

通常情况下，如果人数较少，可以采用圆桌型布置；如果人数较多，则可以采用教室型布置。但这些布置方式可能显得过于刻板，因此可以更灵活地采用U形、鸡尾酒式、长方形、V形、剧院式等布置方式。

具体而言，品牌方应根据各自门店的实际情况、参与人数以及会议主题等因素，因地制宜地选择最佳的布置效果。

会场的具体布置包括布置、准备和设施三个方面。

- 布置方面：需要准备白板、水写笔、投影仪（或投屏设备）、成果展示易拉宝、公司形象易拉宝、餐点、下午茶、咖啡、见面礼、特殊手环、小礼物等。

- 准备方面：需要准备案例手册、案例图片、案例视频、合作方案、宣传册（宣传单页）等。

- 设施方面：需要准备话筒、音响、商品体验点、发圈打卡点、信任背书点、战略规划点等。

大部分布置内容都很容易理解。特别需要提及的是四个关键点位：商品体验点是专门用来体验商品的区域；发圈打卡点是专门用来拍照打卡分享到朋友圈的区域；信任背书点是专门用来展示权威背书、顾客见证、各种奖项的区域；战略规划点是关乎战略的特殊区域。

在颜值至上的时代，整个会场的搭建需要注重颜值的提升，例如，铺设天蓝色或白色桌布，摆放鲜花，准备一些特别的西点，除此之外，还可以做一些关键的点缀，如特殊的香薰、拍照道具等。总之，一定要力求精美，营造一种特定的氛围，即所谓的"feel"。

不要认为这种做法俗气，这既是体验也是宣传。当前顾客可以用来拍照分享，形成品牌势能，服务和成交的是当前这一批代理，而吸引和着眼的则是下一批代理。

最后，在会议召开前进行彩排或测试，以防临时出现故障。如此一来，准备工作就完成了，只待融招会议的召开。

融招会议这么举办

融招会的成功召开并非易事，但失败往往在不经意间发生。

在举办融招会时，品牌方需要特别注意，时刻警惕，因为稍有不慎，融招会可能就会变成以下三种"自娱自乐"的会议。

①把融招会变成吃喝会。一些品牌方过于注重吃喝玩乐，如文艺表演、丰盛的餐饮、单口相声等，活动看似热闹，拍摄了大量照片，在朋友圈广泛分享，但最终没有实现任何交易。其根本原因在于过分强调情感建设，而忽视了方案的详细解说和成交的转化。虽然情感的建立很重要，但方案的讲解才是关键。

②把融招会变成沟通会。与上述情况类似，过分强调与顾客的情感沟通，认为只要关系良好，顾客自然会购买商品，从而忽略了成交转化这一关键环节的设计，最终导致融招会变成了一场沟通会。成功需要精心策划和布局，成交同样需要精心设计。

③把融招会变成答谢会。招商会的准备工作不足，对顾客的库存和资金状况了解不够，通知顾客参加招商会时表述不明确，仅告知有活动，而未详细说明活动内容，导致顾客缺乏心理准备和成交预期，最终将招商会变成了一场答谢会。

如何避免这些问题？关键在于遵循既定的流程，不走弯路。

以下是成功举办一场融招会的六大步骤，品牌方可根据自身实际情况进行复制和创新。

一、宣传造势

宣传是融招会成功的关键因素之一，有效的宣传能够吸引更多投资者，从而大大增加成功的机会。宣传的目的不仅是告知，更重要的是，要形成势能，有了势能，邀约和成交都会变得更加容易。

宣传造势不能盲目进行。

首先，需要明确目标人群。目标人群是指那些最有可能成为企业潜在顾客的人。如果目标人群选择不当，所有的努力都将白费。

其次，要详细考虑宣传计划。在制订计划时，要细致考虑宣传目标、宣传时间、宣传渠道、宣传重点等因素。因为不同的目标、方式、目标受众和渠道都会影响到宣传的效果。

最后，要统一宣传形象，包括风格、视觉、形象、信息和重点。宣传最忌讳不协调和各自为战。尤其是当品牌方有很多渠道时，如直营、加盟、代理等，很容易出现步调不一致的情况。我们需要记住，越统一，顾客记住的就越容易，势能也就越容易形成。

宣传造势的渠道众多，企业可以充分利用各种宣传媒介来宣传自己，包括线上和线下。线上宣传可以选择微信、微博、抖音、快手及各大门户网站等，线下宣传可以选择户外广告牌、电视、报纸、杂志等。考虑到不同媒介覆盖的人群不同，所以在尽量兼顾的同时必须有所侧重。

在众多宣传渠道中，一定要充分利用互联网。互联网具有传播速度快、覆盖范围广的特点，是宣传造势的绝佳工具。品牌方可以提前在线上造势，提高分享率。例如，可以邀请著名企业家、行业专家等录制视频，然后进行传播分享，为当天的招商活动造势。

以大商之道每年2022年12月18日举办的1218全球招商节为例，我们就邀请了各行各业的企业家以及行业专家录制代言视频。不仅如此，我作为大商之道联合创始人，在"洞见·昕声——王昕1218年度演讲"即将开讲前，也会在抖音、快手、小红书、微博、公众号、视频号等自媒体平台进行同步宣发、造势。

那么，如何提高顾客的分享率呢？

我们的做法有三点：

①靠内容。利用项目本身的内容来打动代理商，激发他们的传播欲望。

②靠激励。物质刺激和精神激励相结合，有一定的利益推动，顾客才会不遗余力地去分享。

③流程简单。顾客为你分配的精力是有限的，复杂意味着放弃，所以流程一定要简化。

二、筛选顾客

融招会的成功并非取决于顾客的数量，而是取决于顾客的质量。因此，顾客筛选显得尤为重要。通过顾客筛选，可以促进精准营销、精准成交，并营造一个高质量的成交氛围。

顾客筛选应在会议开始前进行。具体步骤如下：

①定义目标群体：明确目标顾客的行业、规模、地理位置等特征。

②确立顾客标准：设定顾客的匹配度、支付能力、合作潜力等标准。

③收集顾客信息：通过市场调研、网络搜索、社交媒体等渠道，收集潜在顾客的信息，包括公司背景、商品或服务需求、市场地位等。

④评估顾客潜力：根据顾客的稳定性、发展前景、合作意愿等因素，评估其潜力和合作价值。

⑤初步沟通：通过电话、邮件或面谈等方式与潜在顾客进行初步沟通，了解他们的需求和期望，同时展示品牌方的专业能力和服务态度。

⑥参考口碑和推荐：根据他人的口碑和推荐，评估顾客的信誉和可靠性。

⑦定期维护：对顾客进行定期维护。

邀约成功后，根据顾客能否到场、是否为关键决策者到场等因素，将顾客潜力按照ABCD进行分类。

- A类：准成交对象，意向度非常高，了解较深，关键决策者均到场。
- B类：重点成交对象，意向度较高，关键决策者均到场。

- C类：潜力成交对象，有意向或关键决策者未到场或其他情况。
- D类：未到场顾客，会后进行信息同步，下次再邀请。

以上只是一个简单的示例。品牌方应根据自身的实际情况，制定适合自己的顾客分类方法。只要这种方法有助于提升工作效率和增进成交，就是有效的。

三、成功案例佐证

案例是最有力的说服工具。案例可以从三个维度进行展示：C端、B端和同行。C端代表顾客，B端代表商家，同行则指同行业的品牌方。如需要详细了解，可参考第十五讲。

成功案例的现场展示是非常有价值的；如果可能，应邀请案例当事人亲自到场，进行现身说法。如果不可能，可以通过视频连线的方式，让案例当事人进行远程分享。若视频连线也不可行，可以退而求其次，通过录制视频或使用PPT来展示案例。

总之，每期会议最好能够安排一两个成功案例的当事人到场。他们的亲身体验是极佳的营销材料。

四、邀请到场

邀请到场，即邀约的过程，关键在于打动顾客的内心。

我们需要思考的是：顾客期望获得什么？什么能够吸引他们？

顾客考虑的是：参加这次会议对我有什么好处？都有谁会参加？

显然，不同类型的顾客有不同的目的和需求。

顾客常见心理

- 贪图小利的。

- 寻求人脉交流的。

- 出于好奇心或凑热闹的。

- 旨在交友或推销业务的。

- 旨在学习交流的。

- 旨在宣传品牌、寻求影响力的。

- 真正感兴趣的。

- 寻求促销政策的。

- 准备签约的。

- 愿意提供帮助或支持的。

- ……

只要深刻理解顾客的需求，满足他们的期望，邀约的过程也可以变得简单。

具体邀约方法

- 政策邀约——利用招商优惠政策进行邀约。

- 影响力邀约——强调会议中有影响力的人物将出席。

- 主题邀约——突出本次会议主题的独特之处。

- 捆绑式邀约——与其他企业联合进行邀请。

- 诚意邀约——通过展现诚意来吸引顾客。

- 礼品邀约——提供到场礼品，满足顾客贪图小利的心理。

- ……

邀约的方法和手段多种多样，但不应滥用。对于每周的融招会，应注重邀请高质量的顾客，顾客的质量比数量更为重要，在邀约时可以侧重内容而非礼品。对于月度、半年度、年度的大型融招会，顾客的数量同样重要，可以适当放宽标准，综合运用多种邀约方法。

五、方案讲解

所谓，三分方案七分讲。方案固然关键，但讲解同样不可或缺。如果讲解混乱无序，顾客可能会认为方案本身也缺乏条理，从而在成交之前就选择离开；如果讲解缺乏信心，顾客可能会对方案的可靠性产生怀疑，签约时心存疑虑。

那么，方案讲解的关键要素是什么呢？可以概括为八个字：口才、气场、节奏、互动。

1. 口才要稳

讲解者不需要特别能言善辩，但表达必须清晰流畅。避免含糊不清、结结巴巴或语速过快。即使口才不佳也无须担忧，不必参加演讲与口才课程，只需多加练习即可，比如每天早晨起床后进行几段练习。

2. 气场要足

气场一方面来源于会场的布置，包括灯光、音响等；另一方面来源于演讲者的自信。气场就是信心的体现，自信越足，气场越强，顾客的信任度也就越高。因此，要不断提升自信，坚信自己的优秀，展现自信的光芒。

3. 节奏要控

融招会的节奏控制至关重要。一是要有序，二是要突出重点。通过提纲可以控制讲解的顺序，通过时间分配可以强调重点。例如，如果案例是讲解的重点，就应分配更多时间来详细讲解案例，并设计多个环节来展现案例的重要性。反之，则应适当进行删减。

4. 互动要活

互动是引导听众、调节氛围的有效手段。最关键的技巧是灵活应变。当会场气氛良好时，应减少互动，专注于方案的讲解；反之，如果气氛不佳，则应通过互动来提升氛围，然后再继续讲解。

六、成交转化

成交是一场精心策划的布局。如果不进行设计和布局，成交率自然难以提升。

成交设计可以从两个维度来考虑：横向维度和纵向维度。

横向维度包括成交方案、成交流程和成交话术的设计。成交方案指的是激励顾客进行成交的方案，如现场成交赠送门店管理工具大礼包等。成交流程指的是对顾客的安排，从他们进入门店开始，一直到成交，甚至成交后的一系列流程。成交话术则是指主讲人和营销人员如何塑造方案、推动成交的语言表达技巧。

横向维度考验的是品牌方进行结构化思考和设计成交的能力。成交系统越完善，成交的保障性就越强。

纵向维度则涉及成交的节奏安排，从前期的铺垫到刺激，再到激发，直至最终的成交。很多品牌方急于介绍商品、解答顾客疑问、分享个人感受，这种做法并不可取。纵向维度的关键在于首先引起顾客的好奇心，保持一定的神秘感；然后不断铺垫，激发他们的渴望；接着介绍方案，煽动他们的欲望；当气氛达到高潮时，开启成交环节，采用限时限量的饥饿营销策略。

纵向维度是从0到1不断影响顾客的深层过程。不能一上来就急于成交，或者迅速进入成交阶段，因为成交需要一个建立信任的过程。信任的建立和行动的促成是一个逐步推进的过程。

成交设计可以运用两种有效的方法：

①先让顾客签字或支付定金。

②逐步向顾客提出从小到大的要求。

第一种方法基于心理学中的承诺一致性原则。该原则表明，人们倾向于使自己的行为与先前做出的承诺保持一致，因为不一致会引起心理不适。换言之，一旦个人做出书面承诺或支付定金，他们更有可能遵守这一承诺。这解释了为什么在租房或购房时，销售人员会要求客户先支付定金或签署备忘录。

第二种方法是承诺一致性原则的延伸，心理学上称为"登门槛效应"或"得寸进尺效应"。它指出，一旦个体接受了一个小要求，为了避免认知上的不协调或为了给人留下一致的印象，他们可能会接受更大的要求。这个过程类似于登门槛，一步接一步地提升，因此得名"登门槛效应"。

在人际关系中，如果一个男生一开始就对一个陌生女生提出共度一生的要求，很可能会遭到拒绝，就像鲁迅笔下的阿Q一样。但是，如果从做朋友开始，逐步发展为好朋友，再到男朋友，就更容易为对方所接受。这是"登门槛效应"的应用实例。

罗伯特·西奥迪尼在《影响力》一书中，通过战俘的例子展示了在不使用暴力的情况下，如何利用登门槛效应让战俘从守口如瓶到透露军事情报，甚至公开谴责自己的国家。如果读者有兴趣，可以阅读这本书。从守口如瓶到公开背叛，可见登门槛效应背后所蕴含的巨大营销潜力。

步入超级门店新时代

超级门店的"超"究竟体现在哪里？在本书的尾声，让我们再次深入思考这一问题。

我的答案是：

- 应用于未来新时代的门店。
- 经营用户生活方式的新理念门店。
- 从静态到动态再到生态的新动能门店。

一、应用于未来的新时代门店

超级门店是面向未来的，代表着未来的发展趋势，是新时代的标志，象征着"新颖、前沿、升级"。与传统门店相比，它具有以下四大典型特征：

- 体验的中心。
- 社交的平台。
- 直播的基地。
- 融招的道场。

体验的中心——通过"电视、服务、场景、商品、竞品、店员"的六大更新，将门店转变为体验的中心。这让门店从单纯的售卖场升级为售卖场+体验场。

社交的平台——通过"诉求、链接、平台、体系"的四大升级，将门店转变为社交的平台。这让门店从会员的购物乐园升级为会员的生活乐园。

直播的基地——通过"准备、商品、脚本、话术、成交"的五大突破，将门店转变为直播的基地。这让门店突破时空限制升级为24小时日不落门店。

融招的道场——通过"阶段、主题、剧本、准备"的四大通关，将门店升维为融招的道场。这让门店从卖商品升级为卖商品+卖门店。

这四大特征、四大功能、四大升维，是消费升级的迫切需求，是新时代门店引领消费升级的关键。它们引领门店系统进行改造，实现多维度的升级。消费升级的方向就在于这四维。忽视这些变化、看不见这些趋势、持观望态度，都可能导致被淘汰。

二、经营用户生活方式的新理念门店

超级门店采用了新的经营策略、理念和内涵，代表着"会员生活、会员精神、会员成长"（见表17-1）。与传统门店不同，超级门店不仅经营商品，更经营会员的生活方式。

表 17-1　传统门店和超级门店的区别

	传统门店	超级门店
聚焦于	商品	会员和会员的生活方式
理念	商品至上	会员至上
	感情只是成交的工具，商品才是目的	商品只是链接会员的工具，会员才是目的
经营手段	广告促销	帮顾客找到组织
	充值捆绑	给顾客提供圈子
	感情营销	带会员一起玩耍
	多度开发	携会员一同进步

传统门店以商品为中心，而超级门店以会员为中心。这种不同的出发点导致了日常经营的焦点不同，经营理念不同，最终在经营策略上也表现出差异，结果自然是截然不同的命运。

经营顾客的生活方式并非空中楼阁或主观臆想，它是深度城市化的必然趋势，引领门店从单纯的商品销售转变为商品销售与兴趣组织、身份圈子、心灵园地的综合体。

1. 以会员为中心

超级门店的核心在于构建以会员为中心的服务体系。这意味着所有的运营策略、商品设计、服务流程都应围绕会员的需求、偏好及生活方式来展开。通过深入分析顾客的需求，为每位会员提供定制化的服务和体验。

2. 经营会员的生活方式

门店不仅是商品的销售场所，更是生活方式的展示平台和倡导者。通过精心策划的主题活动、工作坊、讲座等，引导会员探索并实践更健康、更环保、更有趣的生活方式。这些活动不仅增强了会员的归属感和忠诚度，也促进了品牌文化的传播。

3. 会员精神培育

强调会员之间的共同价值观和社区感，通过线上线下互动、社群建设等方式，激发会员的参与热情和创造力。鼓励会员分享自己的故事、经验和成果，形成积极向上的社群氛围，让会员在追求个人成长的同时，也为社群贡献自己的力量。

4. 会员成长体系

建立完善的会员成长体系，包括积分制度、等级划分、专属权益等，让会员在消费和参与活动的过程中获得成就感和奖励。同时，提供教育、培训、职业发展等资源，帮助会员实现个人能力的提升和职业生涯的进阶。

城市化进程带来了人际的隔阂、社交的冷漠，以及人们之间联系的疏远。超级门店致力于让门店"回归人性""回归生活""回归精神"。超级门店的这一理念提升和角色转变，虽然不易被察觉，却是一股涌动的潮流，势不可挡。

从这个角度来看，成交的意义已经发生了变化。成交不再是交易的终结，也不是一个简单的里程碑，它只是服务的起点。成交仅是成为会员的序曲，紧随其后的是会员的加入，以及伴随会员共同成长和探索的过程。

成交标志着经营顾客生活方式的开始。

三、从静态到动态再到生态的新动能门店

超级门店代表了一种颠覆性的形态升级：

- 传统门店—准超级门店—超级门店。
- 静态—动态—生态。

为何称传统门店为静态？因为它们依赖于守株待兔的模式，过分依赖地理位置。每当讨论传统门店的痛点时，获客难和留客难总是位列其中。如果思维和精力都集中在位置上，那么获客难度自然加大。

超级门店的"动态"特性体现在何处？

它主动获取流量，自动生长流量，病毒式裂变流量。

在零售业的璀璨星河中，超级门店就像一颗耀眼的新星，引领着一场从静态到动态，再到生态的深刻变革。这场变革不仅重塑了门店的形态和功能，更深刻地影响了商业流量的获取、生长和裂变方式，使得"动态"成为超级门店最显著的特征。

超级门店作为"社交的中心、直播的基地"拓展了门店的时空限制，使得经营不再局限于10小时的营业时间和门店的物理空间，而是转变为任何地点、任何时间都有可能发生。此外，通过经营顾客生活方式的策略，超级门店激发了顾客的活跃度，彻底激活了流量，并实现了流量的裂变。

1. 主动获取流量

传统门店通常依赖于地理位置的优势来吸引顾客，导致流量获取方式较为被动且受限。超级门店突破了这一限制，通过主动策略，利用社交媒体、内容营销、互联网等多种渠道，精确锁定目标顾客群体，实现流量的

主动获取。此外，超级门店还致力于打造自身的内容生态系统，通过持续输出高质量内容，吸引并维系顾客，构建流量的自我增长循环。这种由"被动等客"向"主动引客"的转变，使超级门店在激烈的市场竞争中赢得了先机。

2. 流量的无限放大

超级门店的"动态"特性，同样体现在其强大的病毒式裂变能力上。在社交媒体高度发展的今天，优质的商品、有趣的体验、精彩的直播都有可能成为引发流量爆炸的触发点。超级门店充分利用这一优势，通过精心设计的营销活动和激励机制，激励顾客进行自发传播，形成强大的口碑效应，实现流量的病毒式裂变。这种裂变不仅传播速度快、覆盖范围广，而且成本低廉、效果显著，为超级门店带来了持续增长的客流量。

3. 时空的无限拓展

超级门店不只是商品交易的场所，还是社交的中心和直播的基地。顾客在这里不仅可以购买到心仪的商品，还能参与多样的社交活动，与有共同兴趣的人进行交流和分享。此外，超级门店也积极融入直播经济，将直播间置于店内，通过主播的实时推荐和互动，让顾客近距离感受商品的吸引力。这种"社交+直播"的模式，极大地拓展了门店的时空限制，使得经营活动不再局限于10小时的营业时间和门店的实体空间，而是可以延伸到任何地点、任何时刻。

4. 流量的盘活与裂变

超级门店的核心"动态"在于其经营顾客生活方式的创新策略。与只关注商品销售和业绩提升的传统门店不同，超级门店更加重视与顾客建立情感联系和价值共鸣。它通过提供个性化商品、定制化服务和丰富活动内容，让顾客在购物的同时享受到全新的生活方式体验。这种深度的顾客经营策略，不仅提升了顾客的活跃度，还彻底激活了流量，实现了流量的深度裂变。顾客对品牌产生认同和归属感后，会自发地成为品牌的传播者和推广者，吸引更多潜在顾客。

超级门店的终极目标是构建一个怎样的生态系统？它旨在经营顾客的生活方式。通过会员机制，顾客的身份得以从普通消费者转变为会员；"社交的平台"让会员之间从不相识到建立深厚的联系，并通过举办多样化的活动丰富顾客的生活，引导顾客共同成长；"直播的基地"通过直播与顾客建立联系；"融招的道场"通过招商会议让会员从生活领域扩展到事业领域，从同行走向同路；最终形成一个充满活力、相互促进的顾客生活方式生态系统。

进一步来说，传统门店因为其静态特性，其成功与否很大程度上取决于地理位置和运气，人的作用往往是辅助性的。而超级门店始终处于动态之中，其成功取决于对顾客生活方式的经营，地理位置不再是决定性因素，时机和运气也不是核心要素，关键在于如何主动地、充分地经营顾客的生活方式，这是对经营能力的考验，也是掌握命运的关键。

这正是超级门店的卓越之处，也是传统门店未来发展的方向。

让我们共同告别传统门店，勇敢迈向超级门店的新时代。

致 谢

此书感谢我的团队、我的学员、我的家人、我的母亲。

并特别鸣谢我的企业家学员：

- 香港聚邦国际——潘晓雅

- 创领致美·东方御养——林阁

- 时光娓——孙娜

- 聚泰荷——郑秀丽

- 叁零壹博势——张宗昕

- 南通纤意坊置业有限公司

以及朱珉宏、孙森、郭灵、刘心玥、周姗波、张文丽、潘张幸子、陈萌萌、马俊侠、李为芳、孙佳慧、袁荣鹏、华艳红、高榕、王桂攀、岳明凤、于玲、刘珍、张风琴、董媛、胡多芹、蒋惠玲、刘倩君、安萌萌、朱建霞、翟顺芳、赵丹、应孔总、刘娜、李晓艾、唐乐诗、李兆旭、刘艳、黎广柏、陆小飞、陈燕、张攀、于海燕、潘雪峰、宋卫萍、赵杰、郭娜、金娜依、高艳丽、吴莉娜、孟双庆、杜健、赵庆东、崔洛瑜、李青、郭颜、段秀芬、李顾芳等学员。

引爆招商
企业现金流增长课堂

一、企业如何招商

招商不规划，代理不听话；招商不引流，代理总发愁；招商不邀约，代理总是缺；

招商不成交，代理死翘翘；招商不裂变，代理会叛变；招商不培训，代理没好运；

招商不帮扶，代理终究无！企业不招商，两眼泪汪汪；招商不养商，全部都受伤；

养商不扶商，代理全赔光；招商不裂变，代理会叛变；招商不运营，代理打110；

招商不去管，代理会退款；招商不动销，代理喝农药；招商找大商，企业心不慌！

二、为什么要学习"引爆招商"

没有招商谈爆品，爆品最终成废品！没有招商谈模式，模式最后啥不是！

没有招商谈资本，企业还是会亏本！没有招商谈管理，管到最后没人理！

没有招商谈股权，股权最后不值钱！没有招商谈上市，流水不够很吃力！

没有招商谈研发，研到最后全抓瞎！没有招商谈梦想，梦想最终成幻想！

没有招商谈战略，还没开战全都灭！

三、课程大纲

融商系统：透过融商方案，快速融人、融钱，实现回本

　　　　引爆模式——平台模式、产业模式、生态模式

　　　　引爆产品——微信、短视频、直播商城

　　　　引爆三网——天网、地网、人网

招商系统：梳理招商方案、形成招商闭环、实现千城万店

引爆渠道——加盟、直营、直盟

引爆门店——获客平台、直播基地、招商道场

引爆会员——鱼饵会员、入门会员、裂变会员

养商系统：建设渠道养商赋能系统，持续为代理赋能，形成持续裂变

引爆铁军——文化植入、机制护航、招商赋能

引爆剧本——外在升级、内在升级、身份升级

引爆会销——会前、会中、会后

四、课程价值

◎ 融商解决的三件事情：	◎ 招商解决的三件事情：
如何设计融商模式？ 如何设计招商爆品？ 如何引爆天、地、人三网？	如何落地渠道模型扩张渠道？ 如何升级传统门店打造超级门店？ 如何引爆会员增加黏性？
◎ 养商解决的三件事情：	◎ 大商之道一站式解决企业招商增长难题
如何打造招商型铁军？ 如何用招商剧本收钱？ 如何落地招商会销？	教你招："引爆招商""大商之家" 带你招：大商荟、招商节 帮你招：招商执行、招商落地 成就你：中国招·招全球 协助你：快速打造招商铁军 给到你：招商系统、九大引爆

五、授课对象

企业老板、董事长、创始人、合伙人、股东、高管

六、授课老师

知名招商专家　王昕导师

■ 大商之道招商产业集团联合创始人

■ 20年商业实战经验

■ TOB营销/企业渠道增长系统设计

■ 20年品牌渠道搭建增长经验

■ 擅长解析企业经营增长痛点、破解渠道招商难题

七、他们都在学习"引爆招商"

江苏雅迪集团（上市公司）	浙江喜临门（上市公司）
上海罗莱家纺（上市公司）	山东仁迪生物（上市公司）
江西良中良（上市公司）	重庆九尾猫（上市公司）
台湾罗丽芬（上市公司）	青岛英派斯（上市公司）
北京太平洋（上市公司）	北京大北农科技集团（上市公司）

成都柯尔嫚商贸	上海正新食品	广州安哥正心	上海淑姿国际
山东福美堂	广东足行健	山东靓密码	唐山韩缇娜医疗
南昌深美亚集团	济南古体玉方	长沙芊妍丽质	河南亿美国际
江苏泓姿集团	河南兜仕茶餐饮	广州中科华研	贵州苗姿生物
山东植荟小屋	广州紧宸国际	卿君美生物科技	山东东方妈妈
山东蓝丝带	山西英姿坊服饰	内蒙古西贝餐饮	

八、联系方式

大商之道官方客服　　　　　公众号：大商之道招商产研院

反侵权盗版声明

电子工业出版社依法对本作品享有专有出版权。任何未经权利人书面许可，复制、销售或通过信息网络传播本作品的行为；歪曲、篡改、剽窃本作品的行为，均违反《中华人民共和国著作权法》，其行为人应承担相应的民事责任和行政责任，构成犯罪的，将被依法追究刑事责任。

为了维护市场秩序，保护权利人的合法权益，我社将依法查处和打击侵权盗版的单位和个人。欢迎社会各界人士积极举报侵权盗版行为，本社将奖励举报有功人员，并保证举报人的信息不被泄露。

举报电话：（010）88254396；（010）88258888

传　　真：（010）88254397

E-mail: dbqq@phei.com.cn

通信地址：北京市万寿路 173 信箱

　　　　　电子工业出版社总编办公室

邮　　编：100036